Al Lector

Este libro se presenta en su forma original y es parte de la
literatura y las obras religiosas del fundador de Scientology®,
L. Ronald Hubbard. Es un registro de las observaciones e
investigaciones del Sr. Hubbard sobre la naturaleza del Hombre
y las capacidades de cada individuo como ser espiritual, y
no es una declaración de pretensiones hechas por el autor, la
editorial ni cualquier Iglesia de Scientology.

Scientology se define como el estudio y manejo del espíritu
en relación consigo mismo, los universos y otros seres vivos.
Así, la misión de la Iglesia de Scientology es sencilla: ayudar
al individuo a recuperar su verdadera naturaleza, como ser
espiritual, y así conseguir una consciencia de su relación con
sus semejantes y el universo. Ahí está el camino a la integridad
personal, la confianza, la ilustración y la libertad espiritual en sí.

Scientology y su precursora y subestudio, Dianética, tal y
como las practica la Iglesia, sólo se dirigen al "thetán" (espíritu),
que es superior al cuerpo, y su relación y efectos sobre el
cuerpo. Si bien la Iglesia, como todas las iglesias, es libre
de dedicarse a la curación espiritual, su meta principal es
aumentar la consciencia espiritual para todos. Por esta razón,
ni Scientology ni Dianética se ofrecen ni se presentan como
una curación física ni hacen ninguna afirmación a tal efecto.
La Iglesia no acepta individuos que deseen tratamiento de
enfermedades físicas o mentales, sino que, en su lugar, exige un
examen médico competente en cuanto a condiciones físicas,
realizado por especialistas cualificados, antes de abordar su
causa espiritual.

El Electrómetro Hubbard®, o E-Metro, es un aparato religioso
utilizado en la Iglesia. El E-Metro, por sí mismo, no hace nada
y sólo lo utilizan ministros y personas que se están preparando
como ministros, capacitados en su uso, para ayudar a los
feligreses a localizar la fuente de sus tribulaciones espirituales.

El logro de los beneficios y metas de la religión de Scientology
exige la participación dedicada de cada individuo, ya que sólo
puede lograrlos a través de sus propios esfuerzos.

Esperamos que la lectura de este libro sea sólo el primer
paso de un viaje personal de descubrimiento en esta religión
mundial nueva y vital.

Este Libro Pertenece A

LOS PROBLEMAS DEL TRABAJO

SCIENTOLOGY APLICADA AL MUNDO
DEL TRABAJO COTIDIANO

LOS PROBLEMAS DEL TRABAJO

SCIENTOLOGY APLICADA AL MUNDO
DEL TRABAJO COTIDIANO

L. RONALD HUBBARD

Bridge

Publications, Inc.

UNA
PUBLICACIÓN
HUBBARD®

Publicado por
BRIDGE PUBLICATIONS, INC.
4751 Fountain Avenue
Los Angeles, California 90029
ISBN 978-1-4031-4477-5

© 1992, 2007
L. Ronald Hubbard Library.
Ilustración de cubierta: © 2007
L. Ronald Hubbard Library.

SCIENTOLOGY: sistema de axiomas organizados que resuelve problemas del espíritu, la vida y el pensamiento, desarrollado por L. Ronald Hubbard mediante la aplicación de la metodología de las ciencias exactas a las humanidades.

El término *Scientology* está tomado del latín *scio* (saber, en el sentido más amplio de la palabra) y de la palabra griega *logos* (estudio de). Scientology se define más extensamente como el estudio y manejo del espíritu en relación a sí mismo, los universos y otra vida.

DIANÉTICA: precursor y subestudio de Scientology.

Dianética viene de las palabras griegas *dia* (a través) y *nous* (mente o alma). Dianética es lo que el alma le está haciendo al cuerpo.

Nota Importante

Al leer este libro, asegúrate muy bien de no pasar nunca una palabra que no comprendas por completo. La única razón por la que una persona abandona un estudio, se siente confusa o se vuelve incapaz de aprender, es porque ha pasado una palabra que no comprendió.

La confusión o la incapacidad para captar o aprender viene DESPUÉS de una palabra que la persona no definió ni comprendió. Tal vez no sean sólo las palabras nuevas e inusuales las que tengas que consultar. Algunas palabras que se usan comúnmente, con frecuencia pueden estar definidas incorrectamente y por lo tanto causar confusión.

Este dato acerca de no pasar una palabra sin definir es el hecho más importante en todo el tema del estudio. Cada tema que hayas comenzado y abandonado contenía palabras que no definiste.

Por lo tanto, al estudiar este libro asegúrate muy, muy bien de no pasar nunca una palabra que no hayas comprendido totalmente. Si el material se vuelve confuso o parece que no puedes captarlo por completo, justo antes habrá una palabra que no has comprendido. No sigas adelante, regresa a ANTES de que tuvieras dificultades, encuentra la palabra malentendida y defínela.

Glosario

Para ayudar a la comprensión del lector, L. Ronald Hubbard dispuso que los editores proporcionaran un glosario. Este se incluye en el Apéndice, *Glosario Editorial de Palabras, Términos y Frases*. Las palabras tienen a veces varios significados. El *Glosario Editorial* sólo contiene las definiciones de las palabras como se usan en el texto. Se pueden encontrar otras definiciones en un diccionario normal del idioma o en un diccionario de Dianética y Scientology.

Si encuentras cualquier otra palabra que no conozcas, búscala en un buen diccionario.

CONTENIDO

INTRODUCCIÓN

Scientology, LA VASTA ciencia de la Vida, tiene muchas aplicaciones.

Si supieras lo que está haciendo la vida, sabrías lo que están haciendo muchas ciencias y actividades.

Aquí tenemos a Scientology colaborando con el trabajador y con el ejecutivo en su tarea de ayudar al Hombre a ser más competente y más capaz, a estar menos cansado y más seguro en el mundo del trabajo cotidiano.

Scientology ya se usa en muchas de las empresas más grandes de la Tierra. Han encontrado que la podían usar.

L. RONALD HUBBARD

CAPÍTULO UNO

¿DE QUÉ DEPENDE CONSERVAR UN EMPLEO?

¿DE QUÉ DEPENDE CONSERVAR UN EMPLEO?

¿DE QUÉ DEPENDE CONSERVAR un empleo?

¿Relaciones familiares? ¿A quién conoces? ¿Encanto personal? ¿Suerte? ¿Educación? ¿Diligencia? ¿Interés? ¿Inteligencia? ¿Capacidad personal?

Para alguien que haya envejecido e incluso se haya vuelto algo suspicaz en el mundo del trabajo, varias de las primeras razones parecerían tener preponderancia. Sólo los jóvenes parecen tener todavía la ilusión o delusión de que la capacidad personal, la inteligencia, el interés, la educación y la diligencia tienen algo que ver con el trabajo. Y los muy, muy suspicaces nos harían creer que de hecho estas cosas sólo serían síntomas de ser muy jóvenes.

Con demasiada frecuencia hemos visto al hijo convertirse en capataz, al nuevo yerno, ayer encargado de envíos, ascender a toda velocidad hasta convertirse en miembro de la directiva. Y demasiado a menudo hemos sabido que el hijo y el yerno no sólo no tenían aptitud en primer lugar, sino que sin temor a la disciplina, actuaron con más descuido que el peor de los empleados de la compañía. La relación familiar es algo que depende de la casualidad del nacimiento; una casualidad que, con demasiada frecuencia, es una condena a un linaje involuntario.

Pero dejando para otro día la relación familiar, ¿qué nos queda?

Está la cuestión de a quién conoces. Las relaciones personales tienen un papel predominante para obtener, conservar y mejorar una posición. No cabe duda. Uno tiene un amigo que trabaja para la Compañía Jim-Jambo, el amigo sabe de una vacante; el amigo tiene otros amigos y estos a su vez tienen otros; de manera que uno puede establecerse en la Compañía Jim-Jambo y trabajar con cierta seguridad y esperanza de ascender.

Y luego está el asunto del encanto personal. Con cuánta frecuencia hemos visto a la joven taquígrafa, incapaz de deletrear "gato", ascender a toda velocidad y repentinamente (a pesar de sus torpes dedos de mecanógrafa) hasta el cargo de secretaria ejecutiva del director, y aunque no haya mejorado cómo deletrear "gato", con toda seguridad puede deletrear correctamente "ascenso" y ascender de nuevo, y quizás "club nocturno" o "collar de diamantes". Y también hemos visto al joven con buena "prestancia" ascender a toda velocidad por encima de sus mayores, quizás porque sabía contar el chiste apropiado o jugar al golf ligeramente peor.

También hemos visto que el factor de la educación se desvía en empresas y gobiernos donde el hombre formado con gran sacrificio personal, que ha llegado a ser un verdadero erudito, se ve, sin embargo, superado por alguien que no tiene título alguno, aparte de cierto empuje. Hemos visto a individuos sin formación dirigiendo alocadamente a millones, y a sabios aconsejando a una veintena.

La diligencia también parece importar poco a los pocos suspicaces de nosotros que lo hemos visto todo. La afanosa disposición de los jóvenes para trabajar como esclavos se ve frenada demasiado a menudo por el veterano de edad que dice: "¿Para qué preocuparse por eso, jovencito? Da lo mismo". Y quizá nos hemos quedado después del cierre y nos hemos manchado de tinta o hemos permanecido en nuestro puesto más allá de toda exigencia del deber, sólo para ver que más adelante el perezoso a quien habíamos despreciado, recibe mejor salario. Y hemos dicho que no es justo, ni por asomo.

Y hemos visto también que el interés se reduce a nada. Cuando el sumergirnos en el mortal juego de "la empresa o unidad contra sus rivales" nos hizo dejar a un lado, descuidadas, a nuestra propia esposa o a nuestra vida; cuando hemos consumido noches y tiempo de ocio para encontrar soluciones diseñadas para salvar a nuestra empresa, y las hemos propuesto y se nos han devuelto, desatendidas; y cuando al poco tiempo observamos ascender a puestos más altos a una compañera de trabajo cuyo único interés era un hombre o la "plata" y no la empresa en absoluto, pensamos que teníamos alguna causa para estar menos interesados. Y el interés en nuestro trabajo lo condenaron aquellos a nuestro alrededor que, sin comprenderlo, se cansaron de que habláramos al respecto.

La inteligencia, frente a este desfile interminable de ilusiones rotas, parecería no tener ninguna importancia para nuestro destino. Cuando vemos al estúpido gobernar a la mayoría, cuando vemos aprobados planes y decisiones que habrían sido condenados hasta por los hijos de los trabajadores, nos preguntamos qué podría tener que ver la inteligencia con esto. Podríamos llegar a pensar que es mejor ser tonto que ultrajar continuamente a nuestra propia inteligencia con las estupideces que pasan por ser planificación empresarial.

Ante esta corriente, este caos confuso de causas fortuitas para ascensos y aumentos de sueldo, la capacidad personal parecería ser algo desperdiciado. Hemos visto la nuestra desperdiciada. Hemos visto desdeñadas las capacidades de otros. Hemos visto surgir a los ineptos mientras los capaces permanecían despreciados e incluso desempleados. Así que la capacidad personal no parecería ser el factor que antaño podría haber sido para nosotros, pequeños engranajes en las trituradoras ruedas del destino empresarial. Entonces, con toda seguridad, debe de ser la suerte y nada más que la suerte de lo que depende todo.

Y así, incluso a un observador "experimentado", le parece que obtener, conservar y mejorar un empleo dependen todos de un caos de causas, todas fuera de nuestro control. Aceptamos como nuestro destino, en vez de una expectativa ordenada, una masa desordenada de hechos "fortuitos".

Nos esforzamos un poco. Nos vestimos bien y con pulcritud para solicitar un empleo, nos trasladamos diariamente al lugar de trabajo, revolvemos los papeles, las cajas o las piezas de maquinaria de una manera que esperamos sea aceptable, nos vamos a casa en un transporte abarrotado y esperamos otro día de tediosa labor.

De vez en cuando comenzamos un curso por correspondencia que nos daría una pequeña ventaja sobre nuestros compañeros... y a menudo lo abandonamos antes de terminarlo. Parece que somos incapaces incluso de este pequeño esfuerzo para ayudarnos en nuestro camino contra este diluvio de hechos fortuitos.

Nos enfermamos. Nos quedamos sin días de licencia por enfermedad. Apenas nos recuperamos, nos encontramos ahora sin empleo. Nos convertimos en víctimas de una conjura o calumnia accidentales y nos quedamos sin empleo. Se nos obliga a aceptar empleos que no podemos realizar y de nuevo nos quedamos sin empleo. Nos volvemos demasiado viejos, pasamos el tiempo recordando lo rápidos que éramos antaño, y cierto día, nos quedamos sin empleo.

El destino del hombre en el mundo del trabajo cotidiano es la *incertidumbre*. Su meta es la *seguridad*. Pero sólo unos cuantos logran esa meta. El resto de nosotros vivimos preocupados día tras día, año tras año, por nuestra capacidad para conseguir trabajo, conservarlo y mejorar nuestra suerte. Y demasiado a menudo nuestros peores temores se hacen realidad.

Alguna vez tuvimos al rico para admirarlo y envidiarlo. Pero ahora los impuestos que soportamos incluso han reducido el número de ricos a pesar de la inteligencia de sus contadores. Los estados y gobiernos se levantan y nos prometen seguridad a todos, y después nos imponen restricciones que hacen que eso también parezca precario.

Diariamente se imponen nuevas amenazas sobre nuestra conciencia. Un mundo donde reina la máquina hace del Hombre una pieza del engranaje. Y se nos habla de nuevos adelantos que llevan a cabo el trabajo de miles de nosotros, de manera que pasamos hambre.

"Un mundo donde reina la máquina hace del
Hombre una pieza del engranaje. Y se nos habla
de nuevos adelantos que llevan a cabo el trabajo de
miles de nosotros, de manera que pasamos hambre".

En nuestros medios de transporte, periódicos, calles, en la radio y la televisión se nos lanzan anuncios para poseer todo tipo de cosas. Y no importa lo agradable que sea poseerlas, *nosotros,* los hombres que las fabricamos, no podemos poseerlas... no con nuestros salarios. Y las Navidades nos dejan algo avergonzados por lo poco que podemos comprar, y hacemos que el abrigo aguante todavía un año más. Los años pasan y no nos volvemos más jóvenes. Y cada hora nos enfrentamos a las eventualidades que podrían suponer la diferencia entre el éxito y el fracaso de nuestro futuro. No es de extrañar que solamente creamos en la *suerte.*

Bueno, ahí está el problema.

Para comer debemos tener un empleo. Para vivir tenemos que continuar siendo aceptables en nuestros empleos. Para progresar debemos tener esperanza en las oportunidades. Y todo ello parece una gigantesca y desalentadora confusión compuesta de accidentes, buena y mala suerte, o trabajo penoso y monótono sin nada que ganar al terminarlo.

¿Qué darías por algo que te sacara de esa sofocante rutina? Tal vez no te encuentres sumido en ella. Pero de no estarlo, eres uno de los afortunados. Para escapar de estas rutinas, los hombres han perpetrado las más sangrientas guerras y revoluciones de la historia. Dinastías enteras han sido reducidas a polvo en una abrumadora convulsión nacida de la desesperación. Los empleos se vuelven escasos. Conservarlos se vuelve cada vez más fortuito. Al final ya nadie aguanta la presión de la inseguridad, y la respuesta es una cruda revolución roja. ¿Y qué se logra con ello? Nada. La revolución es el acto de desplazar una tiranía con una tiranía diez veces más despótica que la anterior. El cambiar gobiernos, ni siquiera el cambiar empresas, puede cambiar la seguridad básica.

La búsqueda de seguridad es una búsqueda de constancia y paz. Un trabajador merece estas cosas. Él crea los bienes. Debería tener los recursos para vivir. En vez de eso, tiene un caos.

Pero, ¿dónde está este caos? ¿Está en la familia del trabajador? Algunos dicen que sí. ¿Está en el carácter del capital? Algunos dicen que sí. ¿Nace este caos del mal gobierno? Muchos han dicho que sí. ¿Está en el propio trabajador? Algunos quisieran que él creyera eso.

No, no está en ninguna de estas cosas. El caos de la inseguridad existe en el caos de los datos acerca del trabajo y de la gente. Si no tienes brújula alguna con la que guiarte por la vida, te pierdes. Se han introducido en la vida tantos elementos nuevos (de la Era Industrial) que la vida en sí necesita comprenderse mejor.

El trabajo y la seguridad son partes de la vida. Si no se comprende la vida, entonces tampoco se comprenderán estas partes de la vida. Si toda la vida parece caótica, un asunto de conjeturas y azar, entonces, el trabajo parecerá con seguridad caótico.

Pero el papel del trabajo en la existencia es el papel más importante de todos. Algunos dicen que pasamos la tercera parte de nuestra vida en la cama y que por lo tanto las camas son importantes. Pero pasamos más de la tercera parte de nuestra vida en el trabajo. Y si no trabajamos, no tenemos cama. Así que parece que el trabajo es, con mucho, más importante. Si sumas las diversas partes de la vida: el amor, el deporte o el entretenimiento, encontrarás que la mayor concentración no está en ninguna de ellas sino en el *trabajo*. El trabajo es el papel principal de nuestra existencia, nos guste o no. Si no nos gusta, no nos gusta la vida.

Si encontramos un hombre algo demente, las viejas logías nos harían indagar su vida amorosa o su niñez. Una idea mejor y más reciente es indagar su seguridad y sus condiciones laborales. Conforme empeora la seguridad en una nación, la demencia aumenta. Si quisiéramos atacar los problemas nacionales de demencia y vencerlos, no sería construyendo mejores sanatorios mentales... sería mejorando la condición del trabajo.

La vida es siete décimas partes trabajo, una décima parte familia, una décima parte política y una décima parte descanso. La parte económica, la lucha por ganarse el salario, representa siete décimas partes de la existencia. Si un hombre pierde su ingreso o su empleo, por lo general acaba en una mala condición mental. Si hemos de encontrar pruebas de esto en alguna parte, las encontraremos en todas partes.

La preocupación por la seguridad, la preocupación por la valía, las preocupaciones respecto a ser capaz de hacer algo por otros en la vida, son las preocupaciones principales de la existencia.

Seamos muy simples. La gente que no tiene nada que hacer, la gente sin propósito, es la que se vuelve neurótica o demente con más facilidad. El trabajo, básicamente, no es algo penoso y monótono. Es algo que hacer. La paga nos dice que valemos algo. Y, por supuesto, compramos con ella lo que necesitamos para vivir. O casi lo hacemos.

Muy bien. La seguridad del trabajo pues, es importante. Pero la seguridad en sí es una comprensión. La inseguridad es la condición o estado de *desconocimiento (unknownness)*. Cuando uno está inseguro, simplemente no sabe. No está seguro. Los hombres que *saben* están seguros. Los hombres que no saben creen en la suerte. Uno se vuelve inseguro por no saber si lo van a despedir o no. Por lo tanto, se preocupa. Y así ocurre con todas las inseguridades.

LA INSEGURIDAD EXISTE EN LA AUSENCIA DEL CONOCIMIENTO.

Toda seguridad se deriva del conocimiento. Uno *sabe* que van a cuidar de él sin importar lo que ocurra. Eso es una seguridad. En ausencia de cierto conocimiento eso también podría ser una falacia.

La suerte es azar. Depender de la suerte es depender del no saber.

Pero, a decir verdad, ¿cómo se podría tener conocimiento acerca de la vida, si la vida misma, como conocimiento, no se ha puesto en orden? Cuando el tema de la vida misma fuera un caos, ¿cómo podría el trabajo, como parte de la vida, ser otra cosa que un caos?

Si la condición o estado de vivir *(livingness)* es un tema desconocido, entonces la condición o estado de trabajar *(workingness)* y todo lo relativo al trabajo debe de ser un tema desconocido, expuesto al cinismo, a la desesperanza y a las conjeturas.

Para obtener, conservar y mejorar un empleo, uno tendría que conocer las reglas exactas y precisas de la vida si quisiera tener una seguridad completa. No bastaría con conocer bastante bien el empleo propio.

*"La inseguridad existe
en la ausencia del conocimiento".*

Eso no sería seguridad puesto que al pasar el tiempo veríamos intervenir (como hemos mencionado) demasiados hechos fortuitos.

El conocimiento de las reglas generales y fundamentales de la vida produciría seguridad respecto a la vida. El conocimiento de las reglas fundamentales de la vida también aportaría seguridad en un empleo.

Scientology es una ciencia de la vida. Es el primer esfuerzo íntegramente occidental por comprender la vida. Todos los esfuerzos anteriores llegaron de Asia o de Europa del Este. Y fracasaron. Ninguno proporcionó mayor seguridad. Ninguno fue capaz de mejorar el comportamiento humano. Ninguno fue capaz de cambiar la inteligencia humana, aunque alardeaban de ello. Scientology es algo nuevo bajo el sol. Pero, aunque es joven, es la única ciencia de la existencia completa y exhaustivamente comprobada y validada. No exige veinte años de estar sentado sobre clavos para descubrir que uno es mortal. No exige un vasto estudio de las ratas para saber que el Hombre está confundido.

Scientology puede mejorar, y mejora, el comportamiento humano. Pone al individuo bajo su propio control, donde debe estar. Scientology puede incrementar, y de hecho incrementa, la inteligencia humana. Mediante las pruebas más exactas que se conocen, se ha demostrado que Scientology puede incrementar grandemente la inteligencia en un individuo. Y Scientology puede hacer otras cosas. Puede reducir el tiempo de reacción y puede quitar años a la apariencia personal. Pero aquí no tenemos la intención de dar una lista de todo lo que puede hacer. Es una ciencia de la vida y funciona. Maneja adecuadamente las reglas básicas de la vida y pone orden en el caos.

En realidad, una ciencia de la vida sería una ciencia del buen orden. Cosas como los accidentes y la suerte estarían bajo tu control, si sólo pudieras comprender sus principios básicos.

Como hemos visto aquí, incluso los que no son suspicaces pueden ver que muchos hechos fortuitos entran en juego en cuanto a obtener, conservar y mejorar el empleo. Algunos de estos hechos fortuitos parecen ser tan amplios y estar tan fuera de control que no se podría hacer nada en absoluto respecto a ellos.

Pero si sólo pudiéramos reducir el aspecto fortuito de un empleo, si pudiéramos cultivar las amistades correctas y estar seguros de que nuestra educación se tomaría en cuenta, y si tuviéramos cierta seguridad de que nuestro interés, inteligencia y capacidad innata no se desperdiciarían; pues, entonces las cosas estarían mejor, ¿verdad?

Bueno, veamos qué puede hacer Scientology para reducir el carácter fortuito del mundo del trabajo cotidiano, para ti y para tus conocidos.

A fin de cuentas, ¿de qué trata la vida?

CAPÍTULO DOS

Cómo Manejar las Confusiones del Mundo del Trabajo Cotidiano

CÓMO MANEJAR LAS CONFUSIONES DEL MUNDO DEL TRABAJO COTIDIANO

Hemos visto cómo se podría hacer que alguien creyera que hay algo confuso respecto a planear su propia carrera en el mundo laboral. Y la confusión existe para aquel que no esté equipado con guías y mapas.

Básicamente, todo parecía muy sencillo en lo que se refiere a esto que llamamos trabajo y conseguir un empleo. Uno se capacitaba en algún oficio y leía un anuncio o por recomendación de algún amigo se entrevistaba para obtener un empleo. Lo obtenía y después se presentaba todos los días y hacía las tareas asignadas y, conforme pasaba el tiempo, tenía esperanzas de lograr un aumento de sueldo. Y el paso de más tiempo traía consigo la esperanza de una pensión o de un sistema gubernamental que pagara prestaciones en la edad avanzada. Y ésa era la sencilla norma.

Pero los tiempos cambian y las normas sencillas tienen el hábito de deteriorarse. Entran en juego los diversos incidentes y accidentes del destino. Completamente aparte de factores personales, otros puntos de vista más amplios alteran las cosas. El gobierno deja de otorgar suficientes fondos para pensiones al economizar a gran escala. La empresa para la que uno trabaja queda hecha añicos debido a un periodo de depresión. O nuestra salud nos falla de manera inexplicable y el único recurso que nos queda es la caridad.

El trabajador en su mundo del trabajo cotidiano no es ningún gigante imponente entre sus muchos adversarios.

El "camino de oropel" que los "agitadores" describen tan halagadoramente, el gran afecto que siente por el trabajador esta o aquella ideología o personalidad política, no reflejan los hechos. Un hombre que trabaja en un empleo se encara a dificultades bastante grandes para él, no importa lo pequeñas que pudieran parecerle a un industrial de éxito. El incremento de unos cuantos puntos porcentuales en los impuestos podría significar que en adelante, deba abstenerse de placeres simples. El que la empresa atraviese tiempos difíciles, podría tener como resultado una disminución de sueldo, y ese sería el fin de cualquier lujo e incluso de algunas necesidades; o del empleo.

Siendo el efecto de corrientes internacionales, gobiernos, tendencias empresariales y mercados, todos generalmente más allá de su incumbencia, el trabajador tiene perfecto derecho a creer que su destino no es del todo predecible. De hecho, hasta podría tener derecho a estar confuso.

Un hombre puede morirse de hambre en pocos días. Pocos trabajadores tienen muchos días de margen en sus bolsillos si cambian los vientos. Así, muchas cosas, que no serían un gran problema para quienes están muy seguros, son contempladas como amenazas por el trabajador. Y pueden llegar a ser tantas que toda la vida parece ser demasiado confusa como para soportarla, y uno se hunde en una apatía de rutina diaria, sin mucha esperanza, confiando en que la próxima tormenta, con suerte, pase de largo.

Cuando se observan los numerosos factores que podrían trastornar la vida y minar la seguridad, la impresión es que la "confusión" parece estar bien fundada. Y puede decirse con verdad que todas las dificultades son fundamentalmente confusiones. Si se presenta suficiente amenaza, suficiente desconocimiento, un hombre agacha la cabeza y trata de atravesarlos a ciegas. Las confusiones lo han vencido.

Suficientes problemas no resueltos forman una gigantesca confusión. De vez en cuando, en su empleo, suficientes órdenes contradictorias llevan al trabajador a un estado de confusión. Una planta moderna puede estar dirigida de manera tan deficiente que todo parece ser una vasta confusión para la cual no existe respuesta posible.

La suerte es la respuesta usual a la cual se acude en una confusión. Si las fuerzas que rodean a una persona parecen demasiado grandes, siempre puede "contar con su suerte". Por suerte queremos decir "destino no guiado personalmente". Cuando uno suelta el volante de un automóvil y espera que este se mantenga por suerte en la carretera, a menudo queda desilusionado. Y así es en la vida. Aquello que se deja a la suerte tiene menos posibilidades de solucionarse por sí solo.

Hemos visto a algún amigo cerrar los ojos ante los cobradores y apretar los dientes mientras espera ganar en las carreras y resolver todos sus problemas. Hemos conocido personas que manejaron así su vida durante años. De hecho, uno de los grandes personajes de Dickens tenía como única filosofía "esperar a que algo surja". Pero la suerte, aun aceptando que de hecho *es* un elemento potente, sólo es necesaria cuando se está en medio de una fuerte corriente de factores confusos. Si uno debe tener *suerte* para salir de apuros, se deduce que ya no está al control de su propio volante. Y se deduce también que está ante una confusión.

Una confusión puede definirse como "cualquier conjunto de factores o circunstancias que no parecen tener ninguna solución inmediata".

Más ampliamente:

UNA CONFUSIÓN EN ESTE UNIVERSO ES MOVIMIENTO ALEATORIO.

Si estuvieras de pie en medio de un tráfico muy intenso probablemente te sentirías confuso con todo el movimiento que pasaría zumbando a tu alrededor. Si estuvieras de pie en una gran tormenta con hojas y papeles volando a tu alrededor, probablemente te sentirías confuso.

¿Es posible comprender realmente una confusión? ¿Existe algo como una "anatomía de la confusión"? Sí, existe.

Si como operadora de un conmutador telefónico te llegaran diez llamadas al mismo tiempo, podrías sentirte confundida. Pero, ¿hay alguna respuesta a la situación?

Si como encargado del taller tuvieras tres emergencias y un accidente todos al mismo tiempo, te podrías sentir confundido. Pero, ¿hay alguna respuesta para eso?

Una confusión es una confusión únicamente mientras *todas* las partículas estén en movimiento. Una confusión es una confusión únicamente mientras *ningún* factor se defina ni se comprenda claramente.

La confusión es la causa básica de la estupidez. Para el estúpido, todas las cosas, excepto las muy sencillas, son confusas. Por lo tanto, si uno conociera la anatomía de la confusión, no importa cuán listo fuera, sería más listo.

Si alguna vez te ha tocado enseñar a algún joven aspirante que no era demasiado listo, comprenderás esto bien. Intentas explicar cómo funciona esto o aquello. Lo repasas una, otra y otra vez. Luego lo dejas solo y rápidamente comete una verdadera torpeza. Él "no comprendió", "no lo captó". Puedes simplificar tu comprensión de su incomprensión diciendo muy acertadamente que: "Él estaba confuso".

El noventa y nueve por ciento de la educación fracasa, cuando fracasa, porque el estudiante estaba confuso. Y no solamente en el ámbito laboral, sino en la vida misma. Cuando llega el fracaso, proviene, de una manera u otra, de la confusión. Para aprender sobre la maquinaria o sobre cómo vivir la vida, uno tiene que ser capaz de enfrentar la confusión o bien de deshacerla.

En Scientology, tenemos cierta doctrina respecto a la confusión. Se llama:

LA DOCTRINA DEL DATO ESTABLE.

Si vieras una gran cantidad de hojas de papel girando rápidamente en una habitación, parecerían confusas hasta que escogieras *una* de ellas como *la* hoja de papel respecto a la cual todo lo demás estaría en movimiento. En otras palabras, un movimiento confuso se puede comprender concibiendo que algo está inmóvil.

*"Una confusión es una confusión únicamente mientras
todas las partículas estén en movimiento".*

En una corriente de tráfico, todo sería confusión a menos que concibieras que *un* auto estuviera inmóvil respecto a los demás para ver entonces a los demás en relación con el primero.

La operadora del conmutador telefónico, que recibe diez llamadas a la vez, resuelve la confusión clasificando (correcta o incorrectamente) *una* llamada como la primera que recibirá su atención. La confusión de "diez llamadas a la vez" se vuelve menos confusa en el instante en que ella selecciona una llamada para contestarla.

El encargado del taller, que se enfrenta a tres emergencias y un accidente, sólo necesita elegir su *primer* objetivo de atención para comenzar el ciclo de volver a poner orden.

Mientras no se seleccione *un* dato, *un* factor, *un* elemento en una confusión de partículas, la confusión continúa. *Aquello* que se selecciona y se utiliza se vuelve el *dato estable* para el resto.

De manera más particular y exacta, cualquier cuerpo de conocimiento se construye a partir de *un dato*. Ese es su *dato estable*. Invalídalo y todo el conjunto de conocimientos se desmorona. Un dato estable no tiene que ser el dato correcto. Es simplemente el que impide que las cosas estén en una confusión y de acuerdo al cual se alinean otros.

Ahora bien, si al enseñarle a un joven aspirante a usar una máquina, él no comprendió tus instrucciones, fue porque le faltaba un dato estable. Era necesario hacer que entendiera primero *un hecho*. Al comprenderlo, podría comprender otros. Por lo tanto, un individuo es estúpido, o está confuso en cualquier situación confusa mientras no haya comprendido completamente *un hecho* o *un elemento*.

Las confusiones, no importa cuán grandes y formidables puedan parecer, se componen de datos, factores o partículas. Tienen partes. Toma *una* parte o localízala completamente. Entonces ve cómo las demás funcionan en relación con esa, y habrás introducido estabilidad en la confusión. Y relacionando *otras* cosas con lo que has tomado, pronto habrás dominado la confusión por completo.

Al enseñarle a un chico a manejar una máquina, no le lances un torrente de datos para luego señalarle sus errores, para él eso es una confusión que le hace responder de forma estúpida. Encuentra algún punto de entrada a su confusión, *un dato*. Dile: "Esta es una máquina". Es posible que todas las instrucciones le fueran lanzadas a alguien que no tuviera una certeza real, un orden verdadero en la existencia. "Esta es una máquina", dices. Entonces haz que esté seguro de ello. Haz que la sienta, que juguetee con ella, que la manipule. "Esta es una máquina" le dices. Te sorprendería cuánto tiempo puede llevar; pero también te sorprendería cuánto aumenta su certeza. De entre todas las complejidades que debe aprender para usarla, primero debe conocer *un dato*. Ni siquiera es importante *cuál* dato aprenda bien primero, aparte de que es mejor enseñarle un *dato básico sencillo*. Puedes enseñarle lo que hace la máquina, puedes explicarle el producto final, puedes decirle por qué *él* ha sido seleccionado para trabajar con esta máquina. *Pero tienes* que hacer que un dato básico le resulte claro o estará perdido en la confusión.

La confusión es *incertidumbre*. La confusión es *estupidez*. La confusión es *inseguridad*. Cuando pienses en incertidumbre, estupidez e inseguridad, piensa en confusión y lo habrás aprendido a la perfección.

¿Qué es, entonces, la *certeza*? La falta de confusión. ¿Qué es, entonces, la *inteligencia*? La capacidad para manejar la confusión. ¿Qué es, entonces, la *seguridad*? La capacidad de pasar a través de la confusión, de rodearla o de introducir orden en ella. Certeza, inteligencia y seguridad son *la ausencia de* confusión o *la capacidad de manejar* la confusión.

¿Cómo encaja la suerte en la confusión? La suerte es la esperanza de que algún hecho fortuito e incontrolado haga que uno salga adelante. Contar con la suerte es abandonar el control. Eso es apatía.

Existe "buen control" y "mal control". La diferencia entre ellos es *certeza* e *incertidumbre*. El buen control es seguro, positivo, predecible. El mal control es inseguro, variable e impredecible. Con buen control, se puede tener certeza. Con mal control, nunca se tiene.

Un capataz que hace que una regla esté en vigor hoy pero no mañana, que hace obedecer a Jorge, pero no a Jaime, está ejerciendo mal control. Ese capataz deja a su paso incertidumbre e inseguridad, sin importar cuáles pudieran ser sus atributos personales.

En vista de que puede haber tanto control incierto y estúpido, algunos de nosotros comenzamos a creer que todo control es malo. Pero esto dista mucho de ser verdad. El control es necesario para introducir orden en las confusiones. Uno tiene que ser capaz de controlar las cosas, su cuerpo, sus pensamientos, por lo menos hasta cierto punto, para poder hacer cualquier cosa.

Una confusión podría llamarse una "aleatoriedad incontrolada". Sólo aquellos que son capaces de ejercer cierto control sobre esa aleatoriedad pueden manejar las confusiones. Aquellos que no pueden ejercer control de hecho generan confusiones.

La diferencia entre el buen y el mal control se vuelve entonces más obvia. Aquí, la diferencia entre bueno y malo, está en el *grado*. Otros pueden predecir un control concienzudo y positivo. Por lo tanto es buen control. Un control no positivo y descuidado no puede predecirse. Por lo tanto es mal control. La intención también tiene algo que ver con el control. El control puede usarse para propósitos constructivos o para propósitos destructivos. Pero descubrirás que cuando se *pretenden* fines destructivos, se usa mal control.

Así pues, hay mucho respecto a todo este tema de la *confusión*. Tal vez te parezca un poco extraño que la confusión misma se utilice aquí como un objetivo, pero encontrarás que es un excelente denominador común de todo lo que consideramos maligno en la vida. Si alguien puede llegar a dominar las confusiones, su atención se libera para la actividad *constructiva*. Mientras las confusiones lo estén confundiendo, lo único en que puede pensar son cosas *destructivas;* lo que *más* quiere hacer es destruir la confusión.

Así que primero aprendamos a destruir las confusiones. Y encontramos que esto es bastante sencillo.

Cuando *todas* las partículas parecen estar en movimiento, detén una partícula y mira cómo las demás se mueven en relación a *ella* y entonces encontrarás que hay menos confusión presente. Al adoptar *una* de ellas como *dato estable,* se puede hacer que otras se alineen. Así, una emergencia, una máquina, un empleo o la vida en sí se pueden observar y comprender y uno puede ser libre.

Echemos un vistazo a cómo funciona esto. En el primer capítulo hicimos una lista de factores que podrían tener influencia en el hecho de conseguir, conservar y mejorar un empleo. Uno puede manejar todo este problema (como lo hace la gente la mayoría de las veces) introduciendo en el problema el único dato: "Yo puedo conseguir y conservar un empleo". Aferrándose a esto como única creencia, las confusiones e inseguridades de la vida se vuelen menos efectivas, menos confusas.

Pero supongamos que alguien ha hecho esto: sin investigar más el problema, el individuo, siendo joven, apretó los dientes, cerró los ojos y dijo: "Yo puedo conseguir y conservar un empleo pase lo que pase. Por lo tanto, ya no me voy a preocupar acerca de las cuestiones económicas de la existencia". Bueno, eso estuvo bien.

Más adelante, sin previo aviso, lo despiden. Está diez semanas sin empleo. Entonces aun cuando consiga un nuevo empleo, se siente menos seguro, con menos confianza. Y digamos que después ocurre un accidente y vuelve a quedarse sin empleo. Al estar desempleado nuevamente, vuelve a sentirse todavía con menos confianza, menos seguro. ¿Por qué?

Echemos un vistazo al lado opuesto de esta Doctrina del Dato Estable. Al hacerlo, nos enteramos de que las confusiones pierden su eficacia cuando se tienen datos estables y que cuando se desestabiliza el dato estable, la confusión se presenta de nuevo.

Concibamos una confusión como si estuviera detenida. Todavía está dispersa, pero está detenida. ¿Qué la detuvo? La adopción de un dato estable. Digamos que era muy molesto para alguien que su suegra estuviera en casa. Un día, después de una discusión, él salió hecho una furia y en un momento de inspiración se dijo: "Todas las suegras son malas".

Esa fue una decisión. Eso, correcta o incorrectamente, fue un dato estable adoptado en una confusión. De inmediato se sintió mejor. Ahora podía manejar el problema o sobrellevarlo. Sabía que "Todas las suegras son malas". No era verdad, pero era un dato estable.

Entonces, un día, cuando el individuo está en problemas, su suegra interviene con una lealtad a toda prueba, y no sólo paga el alquiler sino también la otra deuda. Él enseguida se siente muy confuso. Este acto de amabilidad no debería ser algo que introdujera una confusión. Después de todo, ¿no había resuelto ella el problema? Entonces, ¿por qué se siente trastornado al respecto? *Porque se ha desestabilizado el dato estable.* Toda la confusión del problema anterior entró de nuevo en acción pues se demostró la falsedad del dato estable.

Para confundir a cualquiera, lo único que tienes que hacer es localizar sus datos estables e invalidarlos. Mediante crítica o mediante pruebas, sólo es necesario hacer que estos pocos datos estables se desestabilicen para volver a poner en acción todas las confusiones de una persona.

Como puedes ver, los datos estables no tienen que ser *ciertos*. Simplemente se *adoptan*. Una vez adoptados, otros datos se observan en relación con ellos. Así el adoptar *cualquier* dato estable tiende a anular la confusión que se está abordando. *Pero* si el dato estable se desestabiliza, se invalida, o se demuestra que es falso, entonces la persona se queda de nuevo con la confusión. Por supuesto, lo único que tiene que hacer es adoptar un nuevo dato estable o volver a colocar en su lugar el dato estable antiguo. Pero tendría que conocer Scientology para lograr esto con facilidad.

Digamos que alguien no siente temor alguno respecto a la economía nacional gracias a una personalidad política heroica que está haciendo todo lo que puede. Ese hombre es el dato estable de todas las confusiones de este individuo respecto a la economía nacional. Por eso "no está preocupado". Pero un día, las circunstancias o sus enemigos políticos lo desestabilizan como dato. "Demuestran" que en realidad era deshonesto. Entonces la persona vuelve a preocuparse por la economía nacional.

Quizás adoptaste cierta filosofía porque el orador parecía un tipo tan agradable. Luego alguna persona te demuestra cuidadosamente que el orador de hecho era un ladrón o algo peor. Adoptaste la filosofía porque necesitabas algo de paz en tus pensamientos. Entonces, el invalidar al orador haría regresar de inmediato la confusión a la que te enfrentabas originalmente.

Muy bien. Cuando éramos jóvenes, echamos un vistazo a la confusión del mundo del trabajo cotidiano, y la mantuvimos a raya diciendo con determinación: "Yo puedo conseguir y conservar un empleo". Ese fue el dato estable. Sí conseguimos un empleo. Pero nos despidieron. La confusión del mundo del trabajo cotidiano se volvió entonces muy confusa. Si sólo tenemos ese único dato estable, "Yo puedo conseguir y conservar un empleo", como respuesta total a todos los diversos problemas expuestos en el primer capítulo, entonces con seguridad vamos a pasar algunos periodos confusos en la vida laboral. Un dato estable mucho, mucho mejor sería: "Comprendo la vida y los empleos. Por tanto puedo conseguirlos, conservarlos y mejorarlos".

Y allá es a donde vamos en este libro.

CAPÍTULO TRES

¿Es Necesario
el Trabajo?

¿Es Necesario el Trabajo?

Una comprensión de la vida es necesaria para vivirla. Si no, la vida se vuelve una trampa. Para muchos de nosotros en el mundo del trabajo cotidiano, esta trampa toma la forma del TRABAJO.

Si simplemente no tuviéramos que trabajar, ¡cuántas cosas placenteras podríamos hacer! Si solamente tuviéramos alguna otra manera de obtener dinero... viajes, vacaciones, ropa nueva... ¡cuántas cosas serían nuestras si únicamente no tuviéramos que trabajar!

Es casi un factor educativo de nuestra sociedad que la coacción para trabajar es la raíz de nuestra desdicha. Escuchamos a sindicatos y a estados de beneficencia, así como a individuos, basar toda su arenga en una reducción del trabajo. Eludir el trabajo mediante la reducción de horarios y la introducción de maquinaria automática, ha venido a ser el lema de mediados del siglo XX.

Sin embargo lo más descorazonador que pudiera pasarnos a la mayoría sería la pérdida de todos los empleos futuros. Que se nos niegue el derecho al trabajo equivale a que se nos niegue parte de la sociedad en la cual vivimos.

El hijo del hombre acaudalado, la viuda que ha heredado su fortuna, ninguno de ellos trabaja. Ninguno es cuerdo. Cuando buscamos la neurosis y la insensatez en nuestra sociedad, dirigimos la mirada hacia aquellos que no trabajan o no pueden trabajar. Cuando examinamos los antecedentes de un criminal, vemos una "incapacidad para trabajar".

De alguna manera, el derecho a trabajar parece estar vinculado a la felicidad y al entusiasmo por vivir. Y se puede demostrar, que la negación del trabajo está vinculada a la locura y la demencia.

A medida que aumenta la cantidad de maquinaria automática en nuestra sociedad, se incrementa el porcentaje de nuestra gente que está demente. Las leyes laborales sobre menores, las órdenes en contra de las horas extras, las exigencias de muchos documentos, destrezas y condiciones que hay que tener, se combinan por igual para reducir la cantidad de trabajo que puede hacer un individuo.

¿Alguna vez has visto a un hombre jubilado que añoraba su escritorio? Hoy, "la doctrina del trabajo limitado" nos educa para que creamos que a determinada edad debemos dejar de trabajar. ¿Por qué es esto tan popular cuando podemos comprobar por nosotros mismos que el fin del trabajo es el fin de la vida en la mayoría de los casos?

Hablando políticamente por un momento, desde el punto de vista de la cordura, el Hombre necesita mucho más el *derecho a trabajar* que un sinfín de libertades supuestas. Y sin embargo, desalentamos con esmero, en nuestros hijos y en nuestra sociedad, a aquellas personas que *crean* el trabajo. A menos que el trabajo se cree, no habrá ningún trabajo que hacer. El trabajo no es algo que surge ya preparado ante nuestros ojos. El trabajo es algo que se crea. Conforme cambian los tiempos y se deterioran y se vuelven inadecuados los viejos métodos, mercados y sistemas, se deben crear y traer a la existencia nuevos inventos, mercados y sistemas de distribución. Alguien creó los empleos que hacemos. Cuando trabajamos, hacemos un trabajo creado por nosotros mismos o por otro.

No es suficiente dejarse llevar por la inercia en un empleo. El empleo, día a día, lo tenemos que hacer *nosotros,* no importa quién lo haya creado en primer lugar.

Trabajar es participar en las actividades de nuestra sociedad. El negarle a alguien formar parte de las actividades de nuestra sociedad es expulsarlo de ella.

Alguien inventó la diferencia entre "trabajo" y "juego". El juego se consideraba algo que era interesante. Y el trabajo se consideraba como algo que era arduo y necesario y por lo tanto, no era interesante. Pero cuando tomamos nuestras vacaciones y salimos a "jugar", por lo general estamos muy contentos de volver a la "rutina diaria". El juego casi no tiene propósito. El trabajo tiene un propósito.

Lo cierto es que, sólo la constante negativa de la sociedad a darnos trabajo da como resultado nuestra aversión hacia el trabajo cuando existe. Al hombre que no puede trabajar se le prohibió el derecho a trabajar. Cuando examinamos los antecedentes del criminal notoriamente incapaz de trabajar, encontramos que ante todo fue convencido de que no debía trabajar; le prohibieron trabajar, ya fuera su padre, su madre, la escuela o su corta edad. Parte de su educación fue que no debía trabajar. ¿Qué quedaba? La venganza contra la sociedad que rehusó permitirle tomar parte en sus actividades.

Redefinamos el trabajo y el juego. El juego debería llamarse "trabajo sin propósito". También podría llamarse "actividad sin propósito". Eso haría que el trabajo se definiera como "actividad con propósito".

Cuando encontramos defectos en el trabajo, se debe a nuestro propio temor de que no se nos permitirá continuar trabajando.

No hay nada malo en la automatización, con toda esa instalación de máquinas que hacen nuestro trabajo, con tal de que las autoridades recuerden crear *trabajo adicional* para nosotros. La automatización podría ser una bendición para el mundo entero, *siempre y cuando* se inventaran tantos nuevos empleos como los que fueron eliminados por la maquinaria. ¡*Entonces* tendríamos producción! Y si las autoridades no manejaran torpemente sus conceptos económicos básicos y crearan suficiente dinero para que pudiéramos comprar todos los nuevos productos, ciertamente *ahí* habría prosperidad. Así que no es culpa de la automatización. Si la automatización deja a la gente desempleada, es que a *alguien* no se le permitió inventar nuevos empleos para nosotros.

Por supuesto, si a cada nueva empresa la aplastaran las restricciones y si a cada hombre que inventara trabajo se le prohibiera hacerlo, entonces y *sólo* entonces la maquinaria automática causaría nuestra perdición.

A pesar de la alegría de las vacaciones y del ocio sin fin, a los que se hace tanta publicidad, tales cosas no han sido más que una maldición para el Hombre. La mención más antigua de ello fue de Homero en las Islas de los Lotos. ¡Y esa tripulación sí que se hizo pedazos!

No, definitivamente, el trabajo y trabajar son algo que implica más que tener que recibir una paga. Por supuesto, hay empleos que son más interesantes que otros. Por supuesto, hay puestos que están mucho mejor remunerados que otros. Pero cuando se contrasta el derecho a tener un puesto con *ningún* derecho a tenerlo, entonces uno escogerá hasta las tareas menos interesantes y peor pagadas.

¿Sabías que a un loco se le podría sanar simplemente convenciéndolo de que tiene algún propósito en la vida? Bueno, eso puede ocurrir. No importa cuán débil o artificial pudiera ser ese propósito, se puede sanar a los locos con ello. Me viene a la memoria el ejemplo de una chica loca por quien no se podía hacer nada. Esa era la clave de su caso: no se podía hacer nada *por ella*. Pero una noche ocurrió un accidente automovilístico cerca de la clínica y un médico sobrecargado de trabajo, viéndola cerca, le ordenó hacer algo por las víctimas. Ella se curó. Entró al personal como enfermera. Jamás volvió a estar demente de ahí en adelante.

Ahora bien, nadie asevera que todos estemos locos si no trabajamos. Pero es asombroso que hacia eso tendamos si se nos *prohíbe* trabajar.

Las grandes revoluciones surgen de una incapacidad de las masas para trabajar. Las multitudes se rebelan no porque estén enojadas por los "privilegios", que es lo que siempre dicen; sino porque se han vuelto locas al no tener trabajo. La verdad es que las revoluciones no pueden ocurrir cuando toda la gente tiene empleo.

Y tampoco importa siquiera, cuán arduamente esté empleada. Las revoluciones ocurren cuando a la gente se le ha prohibido trabajar demasiado a menudo. Se vuelven locos y el estado muchas veces queda en ruinas. *Ninguna* revolución ganó nada jamás. La vida evoluciona hacia una condición mejor mediante el trabajo duro, no mediante las amenazas.

Si la maquinaria automática dejara sin trabajo a suficientes personas, incluso aunque las máquinas estuvieran produciendo en abundancia, habría una revolución. ¿Por qué? Porque al robarle el trabajo a la gente se le ha robado un propósito en la vida. Cuando eso desaparece, todo desaparece.

Un buen propósito, un mal propósito, no importa siempre que exista un propósito. *¿Por qué?*

Pero no creas que nos hemos apartado mucho del último capítulo. No es así. Aquí hay una comprensión de la vida. La vida tiene ciertos datos estables que *son* los datos estables del livingness (condición de vivir). Una vez comprendidos, entonces se puede comprender la vida al igual que esa parte de ella que se llama trabajo.

La vida es básicamente algo *creado*. Pero contiene muchos elementos que crean en contra de muchos otros elementos en ella. Ocurre una confusión siempre que dos o más cosas comienzan a crear mutuamente en contra. Así, la vida, vista imparcialmente, puede parecer una confusión.

Si uno fuera a sentarse entre todo este livingness, todo este estado o condición de crear *(creatingness),* toda esta guerra, sin ningún propósito, la totalidad de su existencia sería fatal. Ser parte de un universo, de una civilización, y sin embargo no tener ningún propósito es el camino a la locura.

El despliegue de energía, el ejercicio, el tiempo que se ocupa, las cosas que se hacen, tienen todos un orden de importancia inferior.

"Si uno fuera a sentarse entre todo este livingness,
todo este estado o condición de crear (creatingness),
toda esta guerra, sin ningún propósito, la totalidad de
su existencia sería fatal. Ser parte de un universo,
de una civilización, y sin embargo no tener
ningún propósito es el camino a la locura".

Tener sencillamente *algo que hacer* y una *razón para hacerlo* ejerce un control sobre la vida misma. Si no tienes ningún propósito, no tienes el punto de apoyo en esa primera partícula pequeña necesaria para hacer que el todo sea comprensible. Así, la vida puede convertirse en una carga terrible.

En la década de los 30, en Estados Unidos (y también en otras tierras) existió algo llamado la Gran Depresión. Surgió de una falta de comprensión de la economía durante un periodo de transición hacia una era de máquinas. En ese periodo, un gran presidente vio que se le había negado el trabajo a su gente. Creó trabajo. Pensaba que lo hacía para poner dinero en circulación y para que fuera posible comprar todas las cosas que ahora podía fabricar el país. Por lo tanto, no rescató realmente de la desesperación a la gran mayoría de su gente. Porque el trabajo que les dio se hacía con descuido, en forma deficiente. Lo único que se exigía era pasar tiempo en el empleo. Tuvo una oportunidad maravillosa para transformar a un país en algo hermoso. Pero el trabajo que se proporcionó no tenía ningún propósito.

Los hombres que detestan un empleo u otro lo detestan porque no pueden ver hacia dónde va o no pueden creer que estén haciendo algo importante. Están "trabajando". Es decir, se presentan, guardan las apariencias y cobran una paga. Pero no son realmente parte del plan de las cosas. No sienten que tengan nada que ganar.

En nuestra civilización, el *dato estable* para la confusión de la existencia es el *trabajo*. Y el *dato estable* del trabajo es el *propósito*. Aun si el propósito es solamente "conseguir una paga", sigue siendo un propósito.

Es probable que cualquiera de nosotros pudiera hacer cosas más importantes que las que está haciendo. Cualquiera de nosotros podría beneficiarse de algunos cambios en sus tareas. Pero ninguno podría estar sin algo que hacer (y aún así mantenerse vivo y cuerdo).

Cuando nos volvemos tímidos ante una circunstancia, es porque nuestros *propósitos,* nuestros *datos estables,* han sido invalidados.

Como lo hemos demostrado, es bastante fácil hacer caer a alguien en un estado de confusión. Lo único que se tiene que hacer es localizar su dato estable respecto a cualquier tema y hacer que se desestabilice. Este es un truco que todos usamos.

Por ejemplo, discutimos sobre economía con un amigo. No estamos de acuerdo con él. Le preguntamos de dónde sacó tal idea. Dice que alguien lo escribió en tal o cual lugar. Atacamos al escritor o al documento y lo desacreditamos. En otras palabras, ganamos nuestra discusión haciendo que su dato estable se desestabilice, tan pronto como lo podamos encontrar.

La vida es competitiva. Muchos nos olvidamos de que somos parte de un equipo llamado Hombre, en lucha contra quién sabe qué más para *sobrevivir*. Atacamos al Hombre y atacamos a nuestros amigos. En el proceso de conservar un empleo, parece de lo más natural que aquí y allá en la organización haya gente que estuviera tan insegura en sus propias tareas que buscara esparcir la inseguridad a su alrededor.

Habiéndose sumergido demasiado profundamente en la confusión, teniendo muy pocos datos estables, una persona puede comenzar a "dramatizar" la confusión, a esparcirla, a tratar intencionalmente de confundir todo y a todos. Uno de los blancos favoritos de esas personas es el dato estable del trabajo. Aunque ellas por lo general ni siquiera pueden hacer sus *propios* trabajos, están muy ansiosas por hacer que otros se cansen de los *suyos*. "Reducen la competencia" haciendo trizas los datos estables de otros.

Cuídate de quienes llegan y te preguntan "compasivamente" sobre tu salud porque pareces "haber trabajado demasiado". Es casi más fácil "excederse en la holgazanería" que excederse en el trabajo. Cuídate de quienes quieren que firmes una petición para que se reduzcan las horas de trabajo. El producto final de eso es quedarnos sin empleo. Y cuídate, también, de quienes siempre están "sacándole algo a la empresa" porque la empresa "puede darse el lujo". Recuerda, esa empresa es en parte tuya, sin importar si te despiden mañana. Tales personas están tratando de quitarte el apoyo del dato estable del trabajo.

Si temes perder tu empleo es porque ya sufres de demasiadas prohibiciones para trabajar. La única manera de conservar un empleo es hacerlo cada día, crearlo y mantenerlo creado. Si no tienes ningún deseo de crear y continuar ese empleo, entonces debe haber algo que tiene un *propósito contrario* al *propósito*. Algo está mal entre lo que piensas que sería un buen propósito y el propósito que tiene tu empleo.

Los empleos en el gobierno son interesantes porque muy a menudo parece que a nadie le importa, realmente, si el empleo tiene o no un propósito. Demasiado a menudo el propósito de tener un empleo en el gobierno es simplemente "tener un empleo en el gobierno". Aquí, en particular, uno tiene que tener una comprensión de la vida y del trabajo en sí. Porque un empleo en el gobierno tiene que crearse *continuamente* para que continúe. Y si parece no tener ningún propósito, entonces uno debería inspeccionar al gobierno en sí y averiguar *su* propósito. Porque el propósito de un gobierno en general sería, en parte, el propósito del empleo que uno tiene; no importa lo pequeño que sea.

Cualquiera que sufra de aversión hacia el trabajo debe tener básicamente el sentimiento de que en realidad no se le permite trabajar. Así, el trabajo no es un dato estable en la vida. Y debe tener asimismo algún propósito contrario a los propósitos de su empleo. Y por lo general también está asociado en su empleo con personas que están tratando de convertir el trabajo en algo menos que apetecible. Pero hay que tenerle lástima porque es desdichado. Es desdichado porque está confuso. ¿Por qué está confuso? Porque no tiene un dato estable para su *vida*.

Y un dato estable para la vida, en sí misma, es la base del buen vivir así como una buena orientación respecto al empleo.

CAPÍTULO CUATRO

El Secreto de la Eficiencia

EL
SECRETO DE
LA EFICIENCIA

¿QUÉ ES EL CONTROL?

Ya sea que uno maneje una máquina del tamaño de un auto o tan pequeña como una máquina de escribir o incluso un bolígrafo de contabilidad, se enfrenta con los problemas del control. Un objeto no es de utilidad para nadie si no se le puede controlar. Así como una bailarina debe ser capaz de controlar su cuerpo, también el que trabaja en una oficina o en una fábrica debe ser capaz de controlar su cuerpo, las máquinas de su trabajo y hasta cierto punto, el entorno que lo rodea.

La principal diferencia entre el "trabajador" en una oficina o en una fábrica y un "ejecutivo" es que el ejecutivo controla mentes, cuerpos y la disposición de comunicaciones, materia prima y productos, y el trabajador controla principalmente sus herramientas inmediatas. Sin embargo, es mucho más fácil, para aquellos que están ansiosos de agitar a los trabajadores hacia tomar medidas que no necesariamente les benefician y para los ejecutivos que ansían ellos mismos el control y que sienten ansiedad al respecto, olvidar que el trabajador que no controla sus materiales de trabajo (y que sólo es un "factor controlado") es prácticamente inútil para la planta en sí. Tanto la dirección como los trabajadores deben ser capaces de controlar su entorno inmediato.

La diferencia más evidente entre un ejecutivo y un "trabajador" es que el ejecutivo controla más entorno que el trabajador. Entonces, hasta ese punto el ejecutivo debe ser más capaz que el trabajador; o la planta o la empresa estarán condenadas a dificultades, si no es que al fracaso.

¿Qué es un buen trabajador? Es aquel que puede controlar positivamente el equipo o las herramientas de su oficio, o aquel que puede controlar las líneas de comunicación con las que está íntimamente relacionado.

¿Qué es un mal trabajador? Un mal trabajador es aquel que es incapaz de controlar el equipo que se supone debe controlar o las líneas de comunicación que se supone debe manejar.

La gente que desea controlar a los demás, pero que no quiere que los demás controlen nada, nos mete en dificultades al establecer una falacia. La falacia consiste en que hay algo llamado "mal control". El control se ejerce bien o no se ejerce. Si una persona está controlando algo, lo está controlando. Si lo está controlando deficientemente, no lo está controlando. Una máquina que se está manejando bien está controlada. Una máquina que no se está manejando bien no está controlada.

Por lo tanto, vemos que el "mal control" es en realidad un "no-control".

La gente que te dice que el control es malo está tratando de decir que los accidentes automovilísticos y los accidentes industriales son buenos.

El *intento* de controlar con fines nocivos o encubiertos es dañino. Pero lleva consigo el ingrediente del desconocimiento. La persona que está *intentando* controlar, en realidad no está controlando. Simplemente busca controlar, y sus esfuerzos son, en su mayoría, indefinidos y nada positivos; características que, por supuesto, el control en sí no tolera. Cuando se introduce desconocimiento en el control, el control puede volverse desagradable. Y no se lleva a efecto.

Si alguna vez has tratado de controlar tu auto disimuladamente, entenderás lo que esto significa. Si manejaras el volante de tal forma que el auto no "supiera" por dónde debería ir, entonces pronto estarías en dificultades. Tienes que manejar el volante de un auto de tal modo que el auto dé vuelta donde debe dar vuelta y mantenga un curso recto si el camino es recto. No hay nada oculto respecto a tu intención de controlar el auto, y no hay nada desconocido acerca de la respuesta del auto. Cuando un auto deja de responder a tu manejo del volante, el control ha dejado de existir.

En otras palabras, uno controla algo o no lo controla. Si no lo controla, habremos desarrollado un término incorrecto. Habremos desarrollado la idea de que existe algo llamado "mal control".

La gente que ha sido "mal controlada" (es decir, la que simplemente ha sido zarandeada pero no ha sido controlada en absoluto) empieza a creer que hay algo malo acerca del control. Pero en realidad no sabría lo que es el control, ya que de hecho no se le ha controlado.

Para comprender esto mejor, se debería conocer uno de los principios más fundamentales de Scientology, que es:

LA ANATOMÍA DEL CONTROL.

En parte, este principio consiste en lo siguiente. El control puede subdividirse en tres partes separadas. Estas partes son:

COMENZAR-CAMBIAR-y-PARAR.

Comenzar-cambiar-y-parar constituyen también un:

CICLO-DE-ACCIÓN.

El ciclo-de-acción se ve en el girar de una simple rueda. La rueda comienza a girar y entonces cualquiera de sus puntos cambia de posición, y la rueda se detiene. La rueda sigue este ciclo-de-acción sin importar cuánto tiempo esté en movimiento.

Un individuo, al caminar una distancia corta, comienza, cambia la posición de su cuerpo y para su cuerpo. Si hace esto, habrá completado un ciclo-de-acción.

En un ámbito mayor, una compañía comienza, continúa, y un día, tarde o temprano, deja de existir.

En cambiar tenemos "cambio de posición en el espacio o cambio de existencia en el tiempo". En comenzar, simplemente tenemos "comenzar". Y en parar simplemente tenemos "parar". Las cosas pueden comenzar con lentitud o con rapidez. Pueden pararse con lentitud o con rapidez. Pueden cambiar muy rápidamente mientras están en movimiento. De este modo, la velocidad del comienzo, la velocidad del cambio y la velocidad del paro poco tienen que ver con el hecho de que un ciclo-de-acción realmente consiste en comenzar-cambiar-y-parar.

Los Antiguos se referían a este ciclo-de-acción de una manera mucho más detallada. Encontramos que los Himnos Védicos hablan de este ciclo-de-acción de esta manera: Primero existe el caos, entonces, algo emerge del caos (puede decirse que ha nacido), crece, persiste, decae y muere y el caos sigue. Aun cuando esta, en esencia, es una afirmación inexacta, es el ejemplo más antiguo de un ciclo-de-acción.

Un ejemplo moderno de un ciclo-de-acción en Scientology se expresa de manera mucho más simple y es mucho más preciso. Un ciclo-de-acción es comenzar-cambiar-y-parar. Esto es comparable a otro ciclo-de-acción que es el de la vida misma. El ciclo-de-acción de la *vida* es:

CREACIÓN-SUPERVIVENCIA-y-DESTRUCCIÓN.

Podría decirse que la supervivencia es cualquier cambio, ya sea en tamaño, en edad o en posición en el espacio. La esencia de la supervivencia es el cambio. La creación, por supuesto, es comenzar. La destrucción, por supuesto, es parar.

Así, tenemos, en Scientology, dos ciclos-de-acción muy útiles: el primero de ellos es comenzar-cambiar-y-parar; y el otro, más detallado, es crear-sobrevivir-destruir.

Comenzar **Creación**

Cambiar **Supervivencia**

Parar **Destrucción**

*"Un ciclo-de-acción es comenzar-cambiar-y-parar.
Esto es comparable a otro ciclo-de-acción que es el
de la vida misma. El ciclo-de-acción de la vida es:
Creación-Supervivencia-y-Destrucción".*

Comenzar-cambiar-y-parar implican la condición de un ser o de un objeto.

Crear-sobrevivir-destruir implican la intención de la vida hacia los objetos.

El control consiste en su totalidad en comenzar, cambiar y parar. No hay otros factores en el control positivo.

Si puedes comenzar algo, cambiar su posición en el espacio o su existencia en el tiempo y pararlo (todo ello a voluntad) puede decirse que lo controlas, sin importar lo que sea. Si alguien apenas puede arreglárselas para comenzar algo, sólo puede continuar con dificultad su cambio de posición en el espacio o de existencia en el tiempo y sólo puede parar algo en forma dudosa, no puede decirse que lo controla bien y, para nuestros fines, podría decirse que lo está controlando de manera deficiente o peligrosa. Si no puede comenzar algo, si no puede cambiar su posición en el espacio, si no puede pararlo, entonces definitivamente no lo tiene bajo su control. Si está tratando de comenzar, cambiar y parar algo o a alguien sin hacerlo positivamente, ha introducido desconocimiento en la actividad, y el resultado será cuestionable, cuando menos.

Por lo tanto, existe el "buen control". El buen control consistiría en conocimiento y efectividad. Podría decirse que una chica que puede comenzar a trabajar con una máquina de escribir, continuar su movimiento y luego pararla, tiene a la máquina de escribir bajo control. Si tuviera dificultades para comenzar, para continuar su acción y para pararla, no sólo tendría a la máquina de escribir bajo "mal control"; también sería una mala taquígrafa.

Cuando el mal control entra en juego, también entran en juego la incompetencia, los accidentes, las dificultades, la desobediencia, la ineficiencia y, lo que no es menos importante, bastante desdicha e infelicidad. Cuando definimos el mal control como "no-control", o como "un intento de controlar sin conocimiento y sin ejercer control en realidad", puede decirse que la falta de efectividad acarrea muchísimas dificultades.

Para darte una idea de hasta donde podría llegar esto en la vida, podrías concebir la idea de que alguien te llevara de un lado a otro en una habitación. Esta persona te diría que fueras hacia el escritorio, luego te diría que fueras hacia la silla, luego te diría que fueras hacia la puerta. Cada vez que te dijera que fueras a algún lugar, tú por supuesto tendrías que comenzar a moverte, cambiar la posición de tu cuerpo y pararte. Bueno, por extraño que parezca, esto no te molestaría si supieras que alguien te estaba diciendo que lo hicieras, si fueras capaz de ejecutar la acción y no estuvieras recibiendo órdenes que interrumpieran tu ejecución de la orden anterior antes de completarla.

Pero digamos, por ejemplo, que alguien te dijera que fueras hacia el escritorio, pero antes de llegar al escritorio, te dijera que fueras hacia la silla, y antes de llegar a la silla te dijera que fueras hacia la puerta, y luego dijera que te habías equivocado por no haber ido hacia el escritorio. En ese momento estarías confundido. Esto sería mal control ya que no te permite terminar un ciclo-de-acción antes de exigirte otro ciclo-de-acción. Así, tus ciclos de acción se vuelven complicados y el resultado es una confusión. Pero esto, en esencia, no sería control, ya que el control debe implicar efectividad inteligente o comprensible. El buen control no cambiaría la orden antes de que tuvieras la oportunidad de llegar al escritorio, te permitiría llegar al escritorio antes de pedirte que comenzaras a ir hacia la silla, y te permitiría llegar a la silla antes de pedirte que comenzaras a ir hacia la puerta. El control positivo no te molestaría. Pero sin duda te molestaría bastante la sucesión desorganizada de órdenes que no te permitieran concluir ningún ciclo-de-acción.

Ahora bien, para darte una idea de cómo podría influir esto en la vida de uno: ¿a quién escogerías para que te diera una serie de órdenes como las anteriores de moverte por la habitación?, ¿a tu padre o a tu madre? Con toda seguridad, tuviste más dificultades con el que *no* escogiste para que te diera esas órdenes.

El control dista tanto de ser malo, que una persona cuerda y en muy buen estado no resiente el control bueno y positivo, y ella misma es capaz de impartir control bueno y positivo a personas y objetos.

Una persona que no está en muy buenas condiciones, resiente incluso las indicaciones más simples, y en realidad no es capaz de controlar personas ni objetos. Esta persona también es ineficiente y tiene muchas dificultades en el trabajo y en la vida.

Cuando una persona no puede controlar las cosas o cuando se resiste a que ellas la controlen, se mete en dificultades no sólo con la gente sino también con los objetos. Además es evidente que las personas que tienen dificultades con el control se enferman con más facilidad y fracasan en otras formas.

Cuando una persona es incapaz de controlar un tipo de maquinaria, con frecuencia ocurre que la maquinaria invierte la situación y empieza a controlar a *la persona*. Por ejemplo, es muy probable que un conductor que no puede ejercer control positivo sobre un auto finalmente sea controlado por ese auto. En lugar de que el conductor conduzca un auto por la calle, tenemos a un auto llevando a un "conductor" por la calle. Y, tarde o temprano, al no ser el auto muy experto en el control, hará que el conductor termine en la cuneta.

Incluso las fallas mecánicas pueden atribuirse a la falta de control. Se descubrirá que es muy probable que el individuo que no puede controlar una máquina con facilidad tenga considerables dificultades con esa máquina. La máquina en sí sufre, a veces de manera casi inexplicable. Los motores funcionan para ciertas personas y no funcionan para otras. Algunas máquinas funcionan durante años en manos de un mecánico. Pero cuando este las deja, y otro que no es experto ocupa su lugar, podemos encontrar que la máquina se estropeará y tendrá dificultades que nunca antes se observaron en ella. Exageraríamos un poco al inferir que una persona que no puede controlar cosas sólo necesita mirar una máquina para hacer que algo funcione mal en ella. Y sin embargo se han registrado casos en que esto ha ocurrido.

El factor relacionado con esto se comprende más fácilmente, por ejemplo, en un departamento de contabilidad. Una persona que no puede controlar números, por supuesto, tarde o temprano, enredará los libros que tiene a su cargo con complejidades y embrollos que ni siquiera un contador experto puede corregir.

Comenzar-cambiar-y-parar es el ciclo-de-acción de este universo. Y es también la anatomía del control. Casi la totalidad del tema del control se resume en la capacidad de comenzar-cambiar-y-parar nuestras actividades, nuestro cuerpo y nuestro entorno.

Un "hábito" es simplemente algo que uno no puede parar. Aquí tenemos un ejemplo de *no* control en absoluto. Y tenemos el paso que va más allá del punto extremo de haber *perdido* totalmente el control. El control comienza a decaer cuando uno es capaz de cambiar y parar cosas, pero aún no es capaz de hacer que *comiencen*. Una vez que se comienza algo, la persona puede cambiarlo y pararlo. Una disminución mayor del control, si se le pudiera llamar así, sería la pérdida de la capacidad para *cambiar* algo o continuar su existencia en el tiempo. Esto sólo dejaría la capacidad para *parar* cosas. Cuando uno finalmente pierde la capacidad para parar algo, eso hasta cierto punto se ha vuelto su amo.

En el *parar*, de comenzar-cambiar-y-parar, vemos, en esencia, la totalidad del dato estable. Si uno puede parar sólo una partícula o dato en una confusión de partículas o datos, ha comenzado a poner un control en esa confusión.

En el asunto de un torrente de llamadas que entran simultáneamente a un conmutador telefónico, y cada llamada exige con insistencia la atención de una operadora, se ejerce control sobre el conmutador cuando la operadora para una sola llamada. No importa específicamente cuál llamada pare. Habiendo manejado sólo una llamada le permite manejar otra después y así sucesivamente, hasta que se haya cambiado la condición del conmutador de una confusión total a una situación manejada.

Uno se siente confuso cuando no hay nada que pueda *parar* en una situación. Cuando por lo menos puede parar una cosa en ella, entonces encontrará que es posible parar otras, y finalmente recuperará la capacidad de *cambiar* ciertos factores en la situación.

De aquí pasa a poder tener una capacidad para cambiar cualquier cosa en la situación y finalmente es capaz de *comenzar* algún curso de acción.

Por lo tanto vemos que el control está muy íntimamente relacionado con la confusión.

Un trabajador que se confunde fácilmente es un trabajador que no puede controlar las cosas. Un ejecutivo que se pone frenético ante una emergencia es un ejecutivo que, incluso en momentos favorables, no siente tener capacidad para realmente comenzar-cambiar-y-parar situaciones en las cuales está ocupado como ejecutivo.

El frenesí, la impotencia, la incompetencia, la ineficiencia y otros factores indeseables en un empleo provienen de incapacidades para comenzar-cambiar-y-parar cosas.

Digamos que una planta tiene un buen gerente. El gerente puede comenzar-cambiar-y-parar las diversas actividades relacionadas con la planta; puede comenzar-cambiar-y-parar las diversas maquinarias de la planta; puede comenzar-cambiar-y-parar las materias primas y los productos de la planta, y puede comenzar-cambiar-y-parar las diversas actividades o dificultades laborales. Pero digamos que esta planta tiene la mala suerte de sólo tener una persona capaz de comenzar-cambiar-y-parar las cosas. A menos que sea el ejecutivo mismo el que vaya a manejar todas las materias primas que llegan, a encender y apagar toda la maquinaria, a procesar cada pieza de material que haya en el lugar y a transportar él mismo los productos terminados, él será incapaz de dirigir la planta.

De manera similar, el gerente de una oficina que pudiera comenzar-cambiar-y-parar, o manejar él mismo cualquiera de las actividades de una oficina, si él fuera la única persona en la oficina que pudiera hacerlo, en realidad no sería capaz de dirigir una oficina muy grande.

Por tanto, en una planta u oficina, es necesario que un ejecutivo, sin importar lo bueno que pueda ser, cuente con el apoyo de subordinados que no sólo no estén renuentes a que él los comience, los cambie y los pare, sino que ellos mismos puedan comenzar-cambiar-y-parar las actividades o el personal en sus propios entornos en la planta.

Ahora bien, con un buen ejecutivo en una planta u oficina y con buenos subordinados (definiendo como "bueno" su capacidad para comenzar-cambiar-y-parar cosas), aún tendríamos dificultades si bajáramos aún más en los canales de mando y descubriéramos que no teníamos ningún trabajador que a su vez fuera capaz de comenzar-cambiar-y-parar sus propios empleos particulares. Tendríamos aquí una condición en la que el ejecutivo y el capataz se verían obligados a hacer todo lo que se hiciera realmente en la planta. Para realmente tener una buena planta, sería necesario tener un ejecutivo, un capataz y trabajadores, que cada uno en su propio entorno fuera capaz de comenzar, cambiar y parar cosas, y que al mismo tiempo (incluyendo al ejecutivo) no estuvieran renuentes a que se les comenzara, cambiara y parara en sus deberes; siempre que se usaran órdenes positivas y comprensibles.

Conforme examinamos esto, vemos cada vez menos el cuadro de "dirección" y "obreros" que se nos ha presentado uniformemente en plantas y oficinas. En cuanto descubriéramos en una planta a un trabajador que no tiene que comenzar, cambiar o parar, ya sea a sí mismo o a cualquier otra cosa, tendríamos a alguien que justificaría el título de "obrero". Es obvio que desde el miembro de nivel más alto en la directiva hasta el trabajador de nivel más bajo en la nómina, todos y cada uno de ellos están ocupados en comenzar, cambiar y parar gente, materiales, maquinaria, productos y partes del entorno. En otras palabras, todos y cada uno de quienes están en una planta u oficina están de hecho dirigiendo algo.

En cuanto un ejecutivo se da cuenta de esto, es entonces capaz de dirigir una empresa mucho más eficiente, ya que entonces es capaz de seleccionar de entre los suyos a las personas que sean mejores para comenzar, cambiar y parar cosas. Y ellas, poniendo el ejemplo, pueden hacer que los demás tengan una actitud en la que también ellos estén dispuestos a comenzar-cambiar-y-parar cosas en forma positiva.

Sin embargo, hoy en día tenemos como ejecutivos, capataces o trabajadores a gente que está atorada *exclusivamente* en uno u otro de los factores del control, o que son incapaces de manejar *ninguno* de los factores del control. Así, tenemos en cualquier planta, u oficina, o empresa o actividad, incluso en el gobierno, una considerable cantidad de confusión, que no estaría presente si las personas que están ahí fueran capaces de controlar lo que se supone que deben controlar.

Tenemos gente en el mundo del trabajo cotidiano, ya sean directores o conserjes, que están, por ejemplo, fijos (atorados) en *comenzar*. Pueden comenzar todo el día y toda la noche, pero nunca se ponen en marcha. Son personas que hablan de grandes planes y grandes negocios. Hablan con mucho entusiasmo de "ponerse en marcha", pero nunca parecen moverse.

Otros, sin importar su clase o clasificación, se quedan fijos en *cambiar*. Por lo general lo manifiestan al insistir en que todo "siga funcionando". Siempre hablan de "mantener las cosas en marcha", pero no están dispuestos a escuchar nuevas ideas ni a aceptar nueva maquinaria, puesto que eso requeriría parar cierta maquinaria vieja y comenzar una maquinaria nueva. Por tanto, tenemos plantas y sistemas anticuados que continúan por siempre, mucho más allá de su utilidad o valor económico. Una subdivisión de esto es la persona que *siempre tiene que cambiar todo*. Esta es, de hecho, otra manifestación de "tratar de mantener las cosas en marcha". Pero en vez de mantener las cosas en marcha, estas personas cambian constantemente todo lo que es posible cambiar. Si se da una orden, cambian la orden. Si se les dice que avancen, lo cambian y permanecen donde están. Pero se verá que esta es una condición desequilibrada; en la cual estas personas en realidad están renuentes a mantener algo en marcha en cualquier lugar y de hecho están en un *parar* obsesivo.

Las plantas, las empresas, las fábricas, los barcos e incluso el gobierno son víctimas, particularmente, de gente que sólo puede *parar* las cosas. Sin importar lo bien que pueda estar funcionando una unidad, se emite una orden que para cualquier cosa que se esté haciendo. Basta que tales personas descubran que algo *va* a realizar algo para hacer que pare. Generalmente uno resuelve esto "no informando" a tales personas de que algo está funcionando.

Por lo tanto, podemos ver que hay personas que hacen mal uso del ciclo-de-acción de comenzar-cambiar-y-parar y que están fijas, ellas mismas, en *uno* u otro factor del ciclo-de-acción o que son incapaces de soportar *ninguno* de los factores del ciclo; lo que significa, por supuesto, que están en una continua y ardua confusión.

Es significativo que la gente que sólo puede comenzar las cosas sea normalmente creativa. Se espera que el artista, el escritor, el diseñador comience cosas. De hecho, también podría ser capaz de continuarlas o de pararlas, pero su función más pura es la *creación*.

Entre los hombres muy buenos y racionales, están aquellos, cuya mayor capacidad es continuar las cosas. También pueden comenzarlas y pararlas si en realidad son capaces de continuarlas. Es de estos hombres de quienes dependemos para la *supervivencia* de una empresa o de una actividad.

Después está la clase de gente que la sociedad emplea para parar cosas. Esas personas tienen normalmente una función policial. Se declara que ciertas cosas son malas y luego se ponen al cuidado de personas que las paran. Los inspectores paran la producción imperfecta. La policía para el soborno, la corrupción o el crimen. Los militares paran a las personas agresivas o nacionalistas. Y no debería sorprendernos que estos especialistas en parar, por supuesto, se especialicen en *destruir*.

Tampoco debería causar mayor sorpresa que al mirar al elemento que más puede provocar la decadencia de una sociedad, se busquen personas cuyo trabajo es especializarse en paros. Aunque estas personas, en gran medida, cumplen con una función muy benéfica para la sociedad en general, si llegaran a estar completamente al mando (como en un estado policial), sólo destruirían al estado y a su gente, como se ha comprobado desde los días de Napoleón. La nación más reciente que dejó a cargo de la policía todas las funciones del estado fue Alemania. Y a Alemania se le paró muy a conciencia. Además, lo único que causó Alemania fue destrucción.

Cuando tenemos una sociedad que es muy buena para comenzar, tenemos una sociedad creativa. Cuando tenemos una sociedad que es muy buena para mantener las cosas funcionando, tenemos una sociedad que perdura. Cuando tenemos una sociedad que sólo es capaz de parar cosas, tenemos una sociedad que es destructiva o que ella misma acaba destruida.

Por lo tanto, tenemos que darnos cuenta de que es necesario un equilibrio entre estos tres factores: comenzar-cambiar-y-parar. No sólo en un individuo, sino en una empresa. Y no sólo en una empresa, sino en una nación. Cuando una persona sólo puede llevar a cabo uno de los factores, esa persona está considerablemente limitada en su utilidad.

La condición óptima sería que todos (desde el director hasta el conserje), fueran capaces de comenzar, cambiar y parar y que pudieran tolerar que se les comenzara, se les cambiara y se les parara. Así tendríamos una actividad empresarial equilibrada y relativamente libre de confusión. Ninguna empresa puede tener éxito a menos que se haya comenzado apropiadamente, a menos que esté progresando a través del tiempo o cambiando de posición en el espacio, y a menos que sea capaz de parar las prácticas dañinas e incluso a los competidores.

Lo mismo que ocurre en una nación o en una empresa, ocurre en un individuo que sólo tiene un empleo. Debería ser capaz de comenzar-cambiar-y-parar cualquier cosa bajo su control inmediato. Si está haciendo funcionar una máquina, debería ser capaz de comenzar la máquina, de mantenerla funcionando (cambiando) y de pararla. Y esto debería ocurrir bajo su propio determinismo. Su máquina no debería ser puesta en marcha y parada por algún mecánico en algún momento del día sin que él se diera cuenta. Es más, si pensara que había que parar la máquina y lubricarla, debería tener la autoridad para hacerlo, sin tener que aguantar la paliza de algún capataz de maquinaria que (sin comprender la situación) simplemente observara que había una máquina parada que, según su criterio, debería estar en marcha.

Incluso un conserje, para tener algo de eficiencia en su empleo y así tener limpias las oficinas o la planta, tendría que ser capaz de comenzar-cambiar-y-parar los diversos objetos que tienen que ver con su empleo en particular. No debería seguir barriendo después de que el piso estuviera limpio. Y no debería dejar de barrer antes de haberlo limpiado. Y debería ser capaz de comenzar a barrer el piso cuando lo creyera necesario. Naturalmente, si es capaz de hacer estas cosas, también será capaz de colaborar con sus compañeros de trabajo y de permitir que ellos lo paren, lo comiencen o lo cambien en su actividad, para que ejecute *su* trabajo, haciendo al mismo tiempo posible que ellos realicen *sus* propios trabajos.

Aquí, sin embargo, contemplamos una nación, una planta, una oficina, una sección pequeña o un departamento, que funcionan sin ninguna supervisión en absoluto. Si bien habría ejecutivos, capataces y trabajadores, es poco probable que la supervisión de los demás le ocupara mucho tiempo a nadie. Conforme desciende la capacidad del trabajador y del capataz y del ejecutivo para comenzar-cambiar-y-parar las cosas que deberían manejar y controlar, se descubrirá que entra en juego la supervisión. Cuanto menos capaz sea alguien de comenzar-cambiar-y-parar a la gente o a los objetos que están bajo su control inmediato, más supervisión requiere. Cuando la supervisión llega a ser el 80 por ciento de las actividades de la planta, es seguro que la confusión será tan grande que tendrá como resultado una ineficiencia de tal magnitud que arruinará la actividad.

De modo que la supervisión es de hecho una crítica al subordinado. Implica que el subordinado no conoce el campo del control o no es capaz en este campo.

La cooperación y el "alineamiento de la actividad" son diferentes de la supervisión. Cuando se tiene una cadena de mando, no necesariamente se tiene supervisión. Sin embargo, sí se tiene una planificación coordinada para toda una actividad que después se retransmite a otros en la actividad de manera que pueda haber coordinación.

Si todo el mundo está de acuerdo en cuanto a la valía de cualquier actividad y si todo el mundo en esa actividad fuera capaz de controlar realmente las cosas o las personas que estuvieran en su esfera inmediata de acción, se vería que la planificación no tendría que llevar consigo mucha supervisión para lograr la ejecución de las ideas implicadas. Este es un sueño de un nivel muy alto. Solamente donde Scientology ha estado funcionando a fondo podría ocurrir algo así: que una organización pudiera funcionar de acuerdo consigo misma sin supervisión ni acción punitiva.

Uno es capaz de apreciar la valía de los trabajadores a su alrededor por la cantidad de confusión en la que están metidos. Esa confusión indica de inmediato el grado de incapacidad para controlar las cosas. Tal vez esa incapacidad para controlar las cosas no sea totalmente culpa del trabajador. Hay dos factores que pueden ser psicóticos: uno es el entorno y el otro es la persona. Un hombre cuerdo tiene dificultades en un entorno demente. Un demente tiene dificultades incluso en el entorno más cuerdo y más ordenado. De modo que hay dos factores relacionados en cualquier actividad: la persona y el entorno. También podría decirse que hay dos factores relacionados con cualquier empresa: el entorno de la empresa en sí y la empresa. Una empresa cuerda que trata de funcionar en un mundo de locos tendría una gran dificultad para tener éxito. De una manera u otra, la incapacidad de los locos para comenzar-cambiar-y-parar las cosas infectaría a la empresa y deterioraría su eficiencia.

Por tanto, no es suficiente que un individuo sea capaz de controlar él mismo su empleo. También tiene que ser capaz de tolerar la *confusión* de aquellos que le rodean y que no pueden controlar sus empleos. O tiene que ser capaz de tolerar un *control* cuerdo y firme de aquellos que le rodean.

La demencia es contagiosa. La confusión es contagiosa. ¿Alguna vez has hablado con un hombre que estaba confuso sin que tú mismo, al final de la conversación, no te hayas sentido algo confundido? Así es en el trabajo. Si uno está trabajando con muchos hombres que son incapaces, uno mismo comienza a sentirse incapaz. No es suficiente vivir solo. Es imposible trabajar solo. Dándose cuenta de esto, uno también entiende que su capacidad para controlar la maquinaria o las herramientas laborales inmediatas con las cuales *está* relacionado, también debe incluir una capacidad para ayudar a otros que están cerca de él a controlar aquellas cosas con las cuales *ellos* están relacionados.

Muchas fábricas han perdido buenos trabajadores porque el buen trabajador no podía llevar a cabo su trabajo de tal manera que se sintiera satisfecho. Se enfrentó a tantos elementos y órdenes confusos que al final se rebeló. De modo que es posible echar a perder a los buenos trabajadores. En cualquier departamento, es posible detectar a la gente que echa a perder a los buenos trabajadores. Son personas que no pueden comenzar-cambiar-y-parar cosas como la comunicación o la maquinaria, y que están más propensos a la desesperación y a la confusión. Son personas que preferirían que las soluciones se echaran al cesto de los papeles y que los problemas se anunciaran en los tableros de anuncios.

¿Qué podría uno hacer si estuviera rodeado de gente confusa e incapaz de comenzar-cambiar-y-parar sus diversas actividades?

Podría volverse, él mismo, suficientemente capaz en su propio empleo para poder ser un excelente ejemplo para otros y así ser un dato estable, él mismo, en la confusión de esa área.

Podría hacer aun más que esto. Podría comprender cómo manejar a los empleados y, comprendiéndolo, podría introducir orden en las mentes y actividades de esos hombres para impedir que sus incapacidades pudieran afectarlo. Pero para hacer esto último, tendría que saber muchísimo acerca de Scientology y sus diversos principios; y eso en cierta medida va más allá del alcance de esta obra en particular.

Para el trabajador individual que desea hacer un buen trabajo, seguir teniendo un empleo y ascender en su puesto, es casi suficiente que comprenda su empleo a conciencia de tal manera que ninguna parte del mismo lo confunda y de manera que pueda comenzar-cambiar-y-parar cualquier cosa con la cual esté relacionado en ese empleo y que él mismo pueda tolerar que sus superiores le hagan comenzar-cambiar-y-parar sin que él se vuelva inestable.

En otras palabras, la mayor posesión y el mejor seguro de empleo que pudiera tener un trabajador sería una *actitud calmada* respecto a lo que estuviera haciendo. Una actitud calmada se deriva de la capacidad para comenzar-cambiar-y-parar los objetos y actividades con los que está relacionado y ser capaz de permitir que otros le hagan comenzar, le cambien y le paren sin que él mismo se confunda tanto como lo están ellos.

Por lo tanto, el secreto para hacer un buen trabajo es el secreto del control en sí. Uno no solamente continúa creando un empleo, día tras día, semana tras semana, mes tras mes. También continúa el trabajo permitiendo que este progrese. Y además es capaz de parar o terminar cualquier ciclo del trabajo y de permitir que quede terminado.

La mayoría de las veces los trabajadores son víctima de jefes, subordinados o cónyuges que no son capaces ellos mismos de controlar nada, pero que sin embargo no quieren ser controlados y que de alguna manera peculiar están obsesionados con la idea del control. Un trabajador que, de esta forma, está íntimamente relacionado con algo que él mismo no puede controlar, y que realmente o de hecho es incapaz de controlarlo a él, hace su trabajo en un estado confuso que sólo le acarreará dificultades y desagrado por el trabajo mismo.

Puede decirse que lo único malo acerca de trabajar es que esté asociado tan a menudo con incapacidades para controlar. Cuando estas están presentes, entonces el trabajo en sí parece tedioso, arduo y carente de interés y uno preferiría hacer cualquier otra cosa en vez de continuar ese trabajo en particular. Hay muchas soluciones para esto. La primera de ellas es recuperar el control de los elementos o funciones con los cuales uno está más íntimamente relacionado al hacer su trabajo.

Sin embargo, el control en sí no es una respuesta absoluta para todo. Si lo fuera, uno tendría que ser capaz de controlarlo todo, no solamente en su propio empleo sino en cualquier oficina o en la Tierra, para poder ser feliz. Al examinar el control, descubrimos que los límites del control deberían abarcar únicamente la esfera de acción real del individuo. Cuando un individuo intenta extender el control mucho más allá de su interés activo en un empleo o en la vida, se topa con dificultades. De modo que existe un límite para el "área de control" que, si se viola, viola muchas cosas. Es casi una máxima que si un individuo busca actuar constantemente fuera de su propio departamento, no cuidará de su propio departamento. De hecho, en las organizaciones de Scientology se ha descubierto que una persona que está continuamente introduciéndose en cosas mucho *más allá* de su propia esfera de interés no está abarcando su *verdadera* esfera de interés.

Así que, hay obviamente otro factor implicado además del control. Este factor es la disposición a *no controlar* y es completamente tan importante como el *control* mismo.

CAPÍTULO CINCO

LA VIDA
COMO UN JUEGO

La Vida
Como un Juego

Es bastante obvio que si alguien controlara todo, no tendría JUEGO. No habría factores impredecibles, no habría sorpresas en la vida. Podría decirse que eso sería un infierno de magnitud considerable.

Si uno pudiera controlar todo de manera absoluta, por supuesto podría predecirlo todo de manera absoluta. Si pudiera predecir el curso y la acción de cada movimiento en la totalidad de la existencia, por supuesto no tendría ningún interés real en ella.

Ya hemos visto la necesidad de controlar los objetos inmediatos del trabajo. Pero, recuerda que si uno controla estos objetos inmediatos, también es necesario que haya otros objetos o entornos que uno *no* controle de forma absoluta. ¿Por qué?

Porque LA VIDA ES UN JUEGO.

La palabra "juego" se usa aquí de manera deliberada. Cuando uno está sumergido en lo que a veces es una lucha titánica por la existencia, es posible que pase por alto el hecho de que existe alegría en el vivir. Tal vez no crea que pueda existir algo como la diversión. En efecto, cuando la gente llega a los treinta años comienza a preguntarse qué le pasó a su niñez, cuando realmente podía disfrutar de las cosas.

Comienza a preguntarse si el "placer de vivir" no es en sí cierto tipo de trampa. Y comienza a creer que no es buena idea interesarse demasiado en gente nueva y en cosas nuevas, ya que sólo terminarán en desengaño. Hay hombres que han decidido que en vista de que la pérdida ocasiona tanto dolor, sería mejor no adquirir nada en absoluto. Según ellos, es mucho mejor vivir una vida de mediana privación que vivir una vida de considerable lujo; ya que si perdieran lo que tienen, el dolor sería mucho menor.

La vida, sin embargo, es un juego. Es muy fácil ver un juego en términos de críquet o de fútbol. No es tan fácil ver la vida como un juego cuando se te obliga a llegar antes del amanecer y regresas a casa sólo después de la puesta del Sol, tras un día de ardua labor por la que hasta cierto punto no recibes agradecimiento. Es probable que uno ponga en duda que tal actividad pueda considerarse un juego en grado alguno. Sin embargo, tomando en cuenta diversos experimentos llevados a cabo en Scientology, es obvio que la vida, sin importar su tono emocional o carencia del mismo, es en esencia un juego. Y que los elementos de la vida misma son los elementos de los juegos.

CUALQUIER EMPLEO ES UN JUEGO.

Un juego consiste en:

LIBERTAD, BARRERAS y PROPÓSITOS.

Los juegos incluyen muchos factores más complicados, pero todos ellos se enumeran en Scientology.

El primero de ellos es la necesidad de tener un oponente o un enemigo en un juego. También es una necesidad tener problemas. Otra necesidad es tener suficiente individualidad para hacerle frente a una situación. Entonces, para vivir la vida plenamente, uno debe tener además de "algo que hacer", un propósito más elevado. Y este propósito, para ser un propósito en grado alguno, tiene que tener contrapropósitos o propósitos que impidan que ocurra. Uno tiene que tener individualidades que se opongan al propósito o actividades de uno. Y si carece de ellas, es seguro que las inventará.

"Cualquier empleo es un juego".

Esto último es muy importante. Si una persona carece de problemas, de oponentes y de contrapropósitos a los suyos, *los inventará*. Aquí tenemos en esencia la totalidad de la "aberración". Pero como algo que está más profundamente relacionado con nuestros propósitos, tenemos las dificultades que surgen del trabajo.

Si tuviéramos un capataz que controlara hábilmente todo lo que hay en su área y no hiciera nada más y si ese capataz no estuviera totalmente equilibrado mentalmente en todos los sentidos (es decir, si fuera humano), lo encontraríamos *inventando* personalidades para los trabajadores a su mando y razones por las que ellos se oponen a él y verdaderas oposiciones. Lo encontraríamos escogiendo a uno o más de sus trabajadores para reprenderlos por "muy buenas razones" según el capataz, pero en realidad sin más razón que el hecho de que el capataz necesita oponentes obsesivamente. En el antiguo análisis mental se encuentran clasificaciones muy complejas relacionadas con esto. Pero no es necesario examinarlas. La verdad del asunto es que un hombre tiene que tener un juego. Y si no lo tiene, lo creará. Si ese hombre está aberrado y no es del todo competente, creará un juego intensamente aberrado.

Cuando un ejecutivo encuentra que todo funciona demasiado bien en su proximidad inmediata, es probable que cause algunos problemas sólo para tener algo que hacer, a menos que ese ejecutivo esté, de hecho, en muy buen estado mental. Así, encontramos que la dirección finge, a menudo sin ninguna base en los hechos, que los obreros están en su contra. De manera similar, en ocasiones encontramos que los obreros están seguros de que la dirección, que de hecho es bastante competente, está contra ellos. Aquí hemos inventado un juego donde en realidad no puede existir ningún juego.

Cuando los hombres se vuelven muy cortos de miras, en realidad no pueden ver más allá de su propio entorno. En cualquier oficina, planta o actividad existe el juego de la oficina, planta o actividad en sí, contra sus competidores y contra su entorno externo. Si esa oficina, planta o actividad y todo su personal se comportan de forma completamente racional y efectiva, escogen al mundo exterior y otras actividades como rivales para su juego. Si no están a la altura y son incapaces de ver el verdadero juego, inventarán un juego. Y el juego comenzará a jugarse dentro de la oficina y dentro de la planta.

Al jugar juegos, se tienen individuos y equipos. Los equipos juegan contra equipos, los individuos juegan contra individuos. Cuando a un individuo no se le permite ser totalmente parte del equipo, es posible que escoja a otros miembros del equipo como oponentes. Porque, recuerda, el Hombre *tiene que* tener un juego.

De todas estas complejidades se derivan las diversas complejidades del trabajo y los problemas de producción y comunicación.

Si cada persona en una planta fuera capaz de controlar su propia esfera de interés dentro de la planta y si todos en la planta estuvieran haciendo su propio trabajo, en realidad no faltaría juego. Porque en el mundo exterior existen otras plantas, otras actividades y estas siempre proporcionan suficiente juego para cualquier organización racional. Pero supongamos que la gente en una organización no puede controlar su propia esfera, no puede controlar sus propias actividades, y está intentando obsesivamente crear juegos aberrados a su alrededor. Entonces tendríamos una condición por la cual la planta, oficina o actividad no sería capaz de luchar con eficacia contra su entorno, su producción sería deficiente, si es que no se vendría abajo.

Recuerda que aberrada o no aberrada, competente o incompetente, la vida es un juego. Y el lema de cualquier individuo o equipo existente es:

TIENE QUE HABER UN JUEGO.

Si los individuos están en buena condición mental y física, realmente juegan el juego que es obvio y está a plena vista.

Si no están en buena condición y si son incapaces de controlar su propio entorno inmediato, comenzarán a jugar juegos con sus herramientas.

Aquí el operador encontrará que su máquina repentinamente es incapaz de producir. Uno no iría tan lejos como para decir que de hecho rompería la máquina para poder tener un juego con ella. Pero el hecho es que continuamente está en un leve estado de furia respecto a esa maquinaria.

El contador, incapaz de controlar sus herramientas de trabajo inmediatas y un tanto inepto en sus actividades, comenzará a jugar un juego con sus propias cifras y será incapaz de conseguir balances. Su sumadora se estropeará, sus documentos se perderán y ocurrirán bajo sus narices otras cosas que nunca deberían suceder. Y si estuviera en buena forma y pudiera jugar el verdadero juego de mantener a otros en la planta bien encarrilados, en lo que respecta a sus propias cuentas y cifras, sería eficiente.

Por lo tanto, la eficiencia podría definirse como "la capacidad para jugar el juego que está a mano". La ineficiencia podría definirse como "una incapacidad para jugar el juego que se tiene, con una necesidad de inventar juegos con cosas que uno de hecho debería poder controlar con facilidad".

Esto parece casi demasiado simple, pero desafortunadamente para los profesores que tratan de hacer las cosas complicadas, es así de simple. Por supuesto, hay varias maneras por las cuales los hombres pueden volverse aberrados. Ese no es el tema de este libro. El tema de este libro es el trabajo.

Ahora, al comprender que la vida *tiene que* ser un juego, deberíamos darnos cuenta de que existe un límite para el área que uno debe controlar y de todos modos seguir conservando un interés en la vida. El interés se reaviva ante todo por lo impredecible. El control es importante. El no-control es, si acaso, aún más importante. Para realmente manejar una máquina a la perfección, uno tiene que estar *dispuesto* a controlarla o a no controlarla.

Cuando el control en sí se vuelve obsesivo, empezamos a encontrarle defectos. El individuo que tiene que controlar absolutamente todo lo que hay a la vista es molesto para todos nosotros. Y este individuo es la razón por la cual hemos comenzado a encontrarle defectos al control.

Suena muy extraño decir que el *no*-control también tiene que estar bajo control. Pero esto, en esencia, es verdad. Uno tiene que estar *dispuesto* a dejar ciertas partes del mundo sin control. Si no puede, baja rápidamente por la escala y se mete en una situación donde está intentando controlar obsesivamente cosas que jamás será capaz de controlar y, entonces, se vuelve desdichado, comienza a dudar de su capacidad para controlar aquello que realmente debería ser capaz de controlar, y así, a la larga, pierde su capacidad para controlar cualquier cosa. Y esto es, en esencia, lo que en Scientology llamamos la "espiral descendente del control".

Existen factores mentales, que no trataremos aquí, que tienden a acumular los fracasos en el control hasta un punto en que uno ya no tiene confianza en su capacidad para controlar. La verdad del asunto es que un individuo realmente desea tener cierta parte de su vida sin control. Cuando esta parte de la vida le hace suficiente daño, entonces se resigna a la necesidad de controlarla y si nunca llega a ser capaz de hacerlo, se vuelve relativamente desdichado.

Un juego consiste en libertad, barreras y propósitos. También consiste en:

CONTROL y NO-CONTROL.

Un oponente en un juego *tiene que* ser un factor no controlado. De lo contrario, se sabría exactamente hacia dónde iba el juego y cómo terminaría. Y no sería un juego en absoluto. Si un equipo de fútbol fuera totalmente capaz de controlar al otro equipo, no habría partido de fútbol. Este es un asunto en donde "no hay competencia". No habría ninguna alegría ni deporte al jugar ese partido de fútbol.

Pero si un jugador de fútbol se ha lesionado seriamente jugando al fútbol, un nuevo factor de desconocimiento entra en el fútbol para *él*. Esta lesión se aloja en lo que llamamos la "mente reactiva". Es una mente que no se ve y que funciona todo el tiempo. Uno normalmente funciona con lo que llamamos la "mente analítica", y de esta lo sabemos todo. Cualquier cosa que hemos olvidado, o los momentos de inconsciencia y dolor, quedan atrapados en la mente reactiva y pueden entonces *reaccionar* sobre el individuo en tal forma que hacen que se refrene de hacer algo que alguna vez fue peligroso. Si bien este es un tema algo técnico, es sin embargo necesario comprender que el pasado de la persona tiende a acumularse y hacer de ella una víctima en el futuro. Por lo tanto, en el caso del futbolista. Puede *reestimularse* o *reaccionar* cuando juegue al fútbol *debido a* la antigua lesión recibida en el juego, y así disminuye su "espíritu de diversión" mientras juega al fútbol. Se vuelve ansioso. Se siente muy abatido en el tema del fútbol. Y esto se expresa mediante un esfuerzo por controlar activamente a los jugadores del otro equipo para que no lo vuelvan a lesionar.

En una carrera de motocicletas, un famoso corredor de motos se lesionó. Dos semanas más tarde, en otra carrera, encontramos que este corredor de motos deja la carrera en la quinta vuelta sin lesión ni incidente, sino que simplemente entra a los pits. Lo hizo inmediatamente después de que una motocicleta hiciera un viraje brusco cerca de él. Reconoció enseguida que era incapaz de controlar *esa* motocicleta. Entonces se sintió incapaz de controlar su *propia* motocicleta y así supo una cosa... que tenía que salirse de la carrera. Y de la misma manera que ese corredor de motos dejó la carrera, así todos nosotros hemos dejado secciones de la vida en un momento u otro.

Pero, hasta el momento en que tuvo ese accidente, el corredor de motos estaba perfectamente dispuesto a no controlar cualquier otra motocicleta en la pista salvo la suya. No se preocupaba por las otras motocicletas porque jamás lo habían lesionado, y el juego de las carreras de motos todavía era un juego para él. Sin embargo, durante el accidente hubo un momento en que intentó controlar otra moto que no era la suya y a otro corredor. Fracasó en el intento. De modo que en su "mente reactiva" existe un verdadero "cuadro de imagen mental" de su fracaso para controlar una moto. Por tanto, en las carreras futuras, es menos competente; tiene miedo de su propia máquina. Ha identificado su propia máquina con la máquina de otro. Pero esta es una falla de control.

Ahora, para volver a ser un buen corredor de motos, este hombre tendría que recuperar su actitud de descuido en cuanto al control de las otras máquinas y corredores en la pista, y volver a asumir su propia capacidad para controlar su propia máquina. Si fuera capaz de hacer esto, volvería a ser un corredor de motos atrevido, eficiente y ganador que demostrara gran aptitud. Sólo un profesional de Scientology podría volver a ponerlo en esta condición, y es probable que un profesional de Scientology fuera capaz de hacerlo en muy pocas horas.

Sin embargo, este no es un libro de texto sobre cómo erradicar males que han ocurrido antes, sino una explicación de por qué los hombres se vuelven incompetentes en el manejo de sus herramientas de trabajo inmediatas. Estos hombres han intentado dejar sin control todo el mundo que los circundaba hasta el momento en que el mundo que los circundaba les hizo *daño*. Entonces concibieron la idea de que deberían tener control sobre algo más que sus propios empleos. No pudieron controlar algo más que su propio trabajo y al instante quedaron convencidos de que eran incapaces de controlar algo. Esto es completamente diferente a dejar las cosas sin control. Ser capaz de controlar las cosas y ser capaz de dejar las cosas sin control son ambos necesarios para una buena vida y para hacer un buen trabajo. Convencerse de que uno no puede controlar algo es un asunto completamente distinto.

Todo el sentimiento de la confianza en uno mismo y de la aptitud se deriva en realidad de la capacidad que se tiene para controlar *o* dejar sin control los diversos elementos y personas que hay alrededor.

Cuando uno se obsesiona con una necesidad de controlar algo que está más allá de su esfera de control, se desengaña respecto a su capacidad para controlar las cosas que están cerca de él.

Una persona finalmente adopta una actitud en la que no puede prestar ninguna atención a su propio empleo, sino que sólo puede alcanzar el entorno exterior e intentar (con o sin eficacia) parar, comenzar o cambiar cosas que en realidad tienen muy poco que ver con su propio empleo. Aquí tenemos al agitador, al trabajador ineficiente, al individuo que va a fracasar. Va a fracasar porque *ha* fracasado en algún momento en el pasado.

Esto no es tan irremediable como parece porque se requiere lesión física y una coacción muy fuerte para hacer que un individuo sienta que es incapaz de controlar las cosas. El manejo cotidiano de la maquinaria no es lo que deteriora la capacidad de alguien para trabajar o manejar la vida. No es verdad que uno envejezca y se canse y que su capacidad para hacer cosas "se desgaste". *Es* verdad que uno se lesiona en momentos repentinos, cortos, y de ahí en adelante lleva esa lesión a su trabajo futuro y la *lesión* es lo que causa que se deteriore. El erradicar la lesión le devuelve la capacidad para controlar su propio entorno.

Por tanto, todo el tema del trabajo nos lleva al valor del *no-control*.

Un operador que hace un buen trabajo debería poder relajarse en lo que respecta a su máquina. Debería poder dejarla funcionar o no dejarla funcionar, comenzarla o no comenzarla, pararla o no pararla. Si puede hacer todo eso con confianza y con una actitud calmada, puede entonces manejar esa máquina y se descubrirá que la máquina funcionará bien para él. Pero, digamos que la máquina "lo muerde", se lesiona la mano con ella, otro trabajador lo empuja en el momento más inoportuno o alguna herramienta que se le da está defectuosa y se hace añicos. Un dolor físico real aparece en la situación. La persona tiende a alejarse de la máquina. Luego tiende a concentrarse en la máquina con mucha más fuerza de la que debería. Ya no está dispuesto a dejarla sin control. Cuando trabaja con esa máquina, *tiene que controlarla*. Pero como ha introducido coacción en esta situación, y como ya siente ansiedad al respecto, es casi seguro que la máquina lo lastime de nuevo. Esto le da una segunda lesión. Y con esta lesión, siente un impulso aún más fuerte de controlar la máquina.

Como ves, durante los momentos de lesión la máquina estaba fuera de control. Ahora, si bien, "fuera de control" es una condición de juego, no es algo deseado ni bienvenido por este operario en particular. Al final, con seguridad mirará a esta máquina como una especie de demonio. Podría decirse que la hará funcionar durante todo el día y toda la noche, y también mientras esté dormido. Pasará sus fines de semana y sus vacaciones "haciendo funcionar" esa máquina. Al final, no podrá soportar ni la vista de esa máquina, y se estremecerá ante la idea de trabajar con ella un momento más. Este cuadro se complica ligeramente por el hecho de que no siempre es la lesión que le causó su propia máquina, la que hace que sienta ansiedad respecto a la maquinaria. Un hombre que ha estado en un accidente automovilístico puede volver al manejo de una máquina con bastantes aprensiones respecto a las máquinas en general. Comienza a identificar su *propia* máquina con *otras* máquinas, y *todas* las máquinas se convierten en la *misma* máquina, ¡y esa es *la* máquina que lo lesionó!

Hay otras condiciones que intervienen en las fases más ligeras del trabajo.

En el caso de un oficinista, tenemos una circunstancia en la que está enfermo debido a otra área que no es su área de trabajo, y sin embargo, como tiene poco tiempo libre, está obligado a trabajar esté enfermo o no. Las herramientas de su propio trabajo (sus archivos, sus bolígrafos, sus libros o incluso la oficina misma) se identifican con su sensación de enfermedad y siente que estas también "lo han mordido". Entonces, se obsesiona con controlarlas y, de hecho, pierde su capacidad para controlarlas, tal como sucede con el operario de máquinas. Aun cuando estas herramientas en realidad no lo hayan lesionado, él las asocia con "estar lesionado". En otras palabras, identifica su propia enfermedad con el trabajo que está haciendo.

Así, incluso un oficinista cuyas herramientas de trabajo no son particularmente peligrosas puede trastornarse respecto a ellas y es posible que primero ejerza un *enorme* control sobre ellas de forma obsesiva, y a la larga abandone *cualquier* control sobre ellas y sienta que preferiría que lo apalearan antes que hacer un instante más de trabajo en esa esfera particular de actividad.

Una de las maneras de sobreponerse a tal condición es simplemente *tocar* o manejar las diversas herramientas que uno tiene para el trabajo, y el entorno en el cual trabaja. Si un hombre caminara por toda la oficina en la cual ha trabajado durante años y tocara las paredes y los alféizares de las ventanas, el equipo, las mesas, escritorios y sillas, asegurándose cuidadosamente del tacto de cada cosa, localizando cuidadosamente cada una con respecto a las paredes y otros elementos de la oficina, se sentiría mucho mejor respecto a toda la oficina. En esencia, se estaría moviendo desde un momento en el tiempo en el que estaba enfermo o lesionado, hasta el tiempo presente.

La máxima aquí es que:

UNO TIENE QUE HACER SU TRABAJO EN TIEMPO PRESENTE.

UNO NO DEBE CONTINUAR TRABAJANDO EN ANTIGUOS MOMENTOS DE LESIÓN.

Si es tan benéfico familiarizarse con sus propias herramientas (o tocar las herramientas que uno tiene para el trabajo y descubrir exactamente dónde y cómo están), entonces ¿cuál sería el mecanismo detrás de esto?

Dejaremos para más adelante en este libro algunos ejercicios y prácticas diseñados para rehabilitar la capacidad que uno tiene para trabajar, y analizaremos por un momento este nuevo factor.

"Si un hombre caminara por toda la oficina en la cual
ha trabajado durante años y tocara las paredes
y los alféizares de las ventanas, el equipo,
las mesas, escritorios y sillas... se sentiría
mucho mejor respecto a toda la oficina".

CAPÍTULO SEIS

AFINIDAD,
REALIDAD Y
COMUNICACIÓN

AFINIDAD, REALIDAD Y COMUNICACIÓN

H AY TRES FACTORES EN Scientology que son de la mayor importancia al manejar la vida. Estos tres factores responden a las preguntas: ¿Cómo debo hablarle a la gente? ¿Cómo puedo venderle cosas a la gente? ¿Cómo puedo darle nuevas ideas a la gente? ¿Cómo puedo descubrir lo que la gente está pensando? ¿Cómo puedo manejar mejor mi trabajo?

En Scientology, llamamos a esto, el TRIÁNGULO de A-R-C.

Se denomina triángulo porque tiene tres puntos relacionados entre sí.

El primero de estos puntos es:

AFINIDAD.

El segundo de estos puntos es:

REALIDAD.

El tercero de estos puntos y el más importante es:

COMUNICACIÓN.

Estos tres factores están relacionados.

*"En Scientology, llamamos a esto,
el TRIÁNGULO de A-R-C. Se denomina triángulo
porque tiene tres puntos relacionados entre sí.
El primero de estos puntos es: Afinidad. El segundo de
estos puntos es: Realidad. El tercero de estos puntos
y el más importante es: Comunicación".*

Por afinidad queremos decir "respuesta emocional". Queremos decir "el sentimiento de afecto o ausencia de él, el sentimiento de emoción o de emoción desagradable relacionada con la vida".

Por realidad queremos decir los "objetos sólidos", las cosas *reales* de la vida.

Por comunicación queremos decir "un intercambio de ideas entre dos terminales (personas)".

Sin afinidad no hay realidad ni comunicación. Sin realidad no hay afinidad ni comunicación. Sin comunicación no hay afinidad ni realidad. Estas declaraciones son de amplio alcance, pero no obstante, son muy valiosas y son verdaderas.

¿Alguna vez has intentado hablar con un hombre enojado? La comunicación de una persona enojada está en un nivel de emoción desagradable que repele de sí a todos los demás terminales. Por lo tanto su factor de comunicación es muy bajo, aunque el volumen de su voz sea muy alto. Está intentando destruir algo o a algún otro terminal. Por lo tanto su realidad es muy pobre. Es muy probable que aquello por lo que "está enojado" aparentemente, no sea lo que lo hizo enojar. Una persona enojada no es veraz. Por lo tanto, se podría decir que su realidad, incluso sobre el tema que está intentando expresar, es pobre.

Tiene que haber buena afinidad (es decir, afecto) entre dos personas antes de que sean muy reales entre sí (y la realidad se debe usar aquí como un gradiente, ya que algunas cosas son *más reales* que otras). Tiene que haber buena afinidad entre dos personas antes de que puedan hablarse con algo de veracidad o confianza. Antes de que dos personas puedan ser reales entre sí, tiene que haber algo de comunicación entre ellas. Por lo menos deben verse, lo cual es en sí una forma de comunicación. Antes de que dos personas puedan sentir algo de afinidad mutua, deben, en cierta medida, ser reales.

Estos tres términos son interdependientes entre sí. Y cuando uno disminuye, los otros dos también disminuyen. Cuando uno se eleva, los otros dos también se elevan. Basta con mejorar un vértice de este valiosísimo triángulo de Scientology para mejorar los otros dos vértices. Basta con mejorar dos vértices del triángulo para mejorar el tercero.

Para darte una idea de una aplicación práctica de esto, está el caso de la joven que había huido del hogar y cuyos padres ya no le hablaban. La chica, como oficinista, estaba bastante desanimada y estaba haciendo muy mal su trabajo; en cuyo momento este asunto se volvió sumamente interesante para el gerente de la oficina. Ahora bien, normalmente en el mundo del trabajo cotidiano, el gerente la habría despedido y encontrado otra muchacha. Pero el empleo era escaso en ese tiempo y este gerente sabía qué es lo que se hace hoy en día: llamó a un scientologist.

El scientologist, a quien el gerente de la oficina le había hablado sobre ella, la entrevistó y descubrió que sus padres estaban intensamente enojados y ya no se comunicaban con ella en absoluto. Habían estado tan molestos por su negativa (de hecho su incapacidad) para seguir una carrera como concertista de piano, para la cual le habían hecho estudiar a un gran costo, que decidieron "lavarse las manos respecto a ella". Y lo desagradable de la situación la había obligado a huir a un lugar distante. Desde entonces, no se habían comunicado *con* ella, pero habían hablado *de* ella en términos muy amargos con personas que ella había conocido en su antiguo vecindario. En tal estado de ánimo, ella no podía trabajar ya que estaba íntimamente ligada a sus padres y deseaba mantener la mejor relación posible con ellos. Al no poder llevar a cabo su trabajo, estaba obstaculizando las líneas de comunicación en su propia oficina. En otras palabras, su afinidad era muy baja y su realidad de las cosas también, pues podría decirse que estaba "en otro lugar" la mayor parte del tiempo. Y así, las líneas de comunicación que pasaban por sus manos también eran deficientes y obstaculizaban otras líneas de comunicación en la oficina.

El scientologist, conociendo bien este Triángulo de A-R-C, hizo algo muy normal (para un scientologist) que aparentemente obró "magia" en lo que se refería a la chica. Le dijo que tenía que escribirle a sus padres y que independientemente de si contestaban o no, *tenía que* escribirles. Y así lo hizo.

Naturalmente no hubo ninguna respuesta. ¿Por qué no hubo ninguna respuesta de los padres? Bueno, como la chica los había desobedecido y se había salido de su control, aparentemente ya no estaba en contacto con ellos. Sus padres no la consideraban como alguien *real.* Ella no *existía* para ellos en realidad. Incluso así lo habían comentado entre ellos. De hecho, habían intentado borrarla de sus vidas por haberlos "desilusionado tanto". Por consiguiente, no tenían ninguna emoción respecto a ella, excepto quizás una especie de *apatía.* Habían sido incapaces de controlarla. Y por eso estaban apáticos respecto a ella *ya que* habían fracasado en controlarla. En esta etapa, los padres estaban tristemente apáticos respecto a la chica y ella no era muy real para ellos en absoluto. De hecho, al haberla iniciado en una carrera que no pudo completar, la chica no podía haber sido muy real para ellos en primer lugar, ya que indudablemente la carrera estaba más allá de su capacidad.

Así que el scientologist hizo que ella escribiera otra carta. Esta carta, como decimos en Scientology, era completamente sobre "buenas carreteras y buen tiempo". La chica dijo que estaba "trabajando en esta otra ciudad", que "el clima era bueno", que "le iba bien y esperaba que ambos estuvieran bien" y que los quería. La carta, cuidadosamente, no abordaba ninguno de los problemas o actividades relacionados directamente con su partida del hogar. La A de la carta, la afinidad, era bastante alta. La C estaba presente. Lo que intentaba hacer el scientologist era establecer R, realidad; la realidad de la situación de la chica de estar en otra ciudad y la genuina realidad de su existencia en el mundo. Él sabía que ella estaba tan ligada a sus padres que si *ellos* no la consideraban real, ella no era real ni siquiera para *sí misma.*

Por supuesto, cuando los padres no contestaron esta carta, el scientologist hizo que la joven volviera a escribir. Y después de cuatro cartas (que decían más o menos lo mismo e ignoraban por completo la idea de que no había habido respuesta) hubo una carta repentina de la madre a la joven, en la que manifestaba su *enojo* (no con la joven, sino con una de sus antiguas compañeras de juego). La chica, asesorada, fue "mantenida a raya" por el scientologist. No le permitió contestar explosivamente a través de la línea de comunicación, sino que la persuadió para escribir una carta "sorprendida" y agradable expresando su felicidad por haber tenido noticias de su madre.

Después de esto llegaron dos cartas; una del padre y otra de la madre. Ambos se mostraron muy afectuosos y esperaban que a la chica le estuviera yendo bien. La chica, por supuesto, les respondió muy contenta, pero hubiera sido completamente propiciadora si el scientologist se lo hubiera permitido. En lugar de eso, a cada uno de ellos le contestó con una carta alegre.

Y en respuesta, vinieron dos nuevas cartas, ambas felicitándola mucho por haber encontrado un empleo y algo que le interesara hacer en la vida y preguntándole a dónde debería enviarse su ropa y, de hecho, recibió un pequeño envío de dinero para ayudarla a arreglárselas en la ciudad. Los padres ya habían comenzado a planificar la nueva carrera de la chica que estaba exactamente alineada con lo que ella podía hacer en la vida: trabajo secretarial.

Por supuesto, el scientologist sabía exactamente lo que iba a ocurrir. Sabía que la afinidad y realidad *de los padres* subirían. Y que la realidad, afinidad y comunicación *de la joven*, en la oficina en sí, se elevarían en cuanto se remediara esta situación. La remedió con comunicación, expresando la afinidad de esta chica. Y esto, por supuesto, como siempre ocurre, produjo una reacción. El trabajo de la chica se puso a la altura, la chica comenzó a progresar y, una vez que su sentido de la realidad estaba suficientemente alto, de hecho se convirtió en una oficinista muy valiosa.

Probablemente la razón por la que el Triángulo de A-R-C estuvo tanto tiempo sin ser descubierto fue el hecho de que una persona en apatía asciende a través de diferentes "tonos". Estos tonos son muy constantes, uno sucede al siguiente, y la gente *siempre* pasa a través de estos tonos uno tras otro. Estos son los tonos de afinidad. Y la Escala Tonal de Dianética y Scientology es probablemente la mejor forma posible de predecir qué va a pasar después o lo que va a hacer realmente una persona.

La Escala Tonal comienza muy por debajo de apatía. En otras palabras, una persona no siente ninguna emoción en absoluto respecto a un tema. Un ejemplo de esto fue la actitud estadounidense respecto a la bomba atómica. Algo acerca de lo que deberían haber estado muy preocupados estaba tan por encima de su capacidad para controlarlo y la posibilidad de que acabara con su existencia era tal que estaban por *debajo de apatía* al respecto. De hecho, ni siquiera pensaban que fuera un gran problema. Hubo que trabajar durante cierto tiempo con los estadounidenses "procesados" en este tema en particular para que comenzaran a sentirse *apáticos* respecto a la bomba atómica. Esto de hecho fue una mejoría respecto a no sentir ninguna emoción en absoluto sobre un tema que debería haberles preocupado íntimamente. En otras palabras, en muchos temas y problemas, la gente está en realidad bastante por debajo de la apatía.

Ahí comienza la Escala Tonal: totalmente inanimado, nulo, muy por debajo de la muerte en sí. Subiendo hacia tonos mejores, se encuentran los niveles de:

MUERTE DEL CUERPO

APATÍA

PESAR

MIEDO

ENOJO

ANTAGONISMO

ABURRIMIENTO

ENTUSIASMO

SERENIDAD, en ese orden.

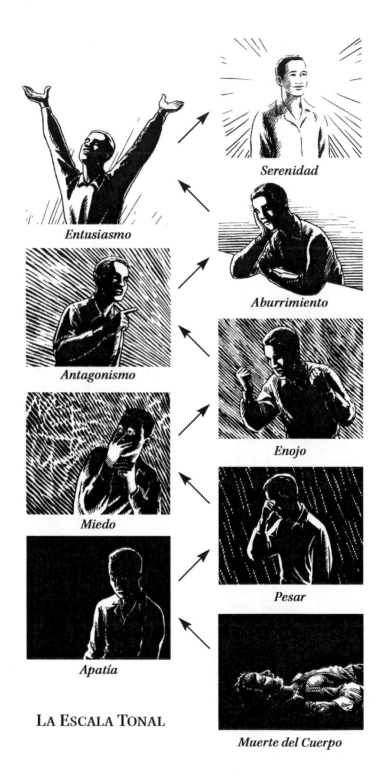

Entusiasmo

Serenidad

Antagonismo

Aburrimiento

Miedo

Enojo

Apatía

Pesar

LA ESCALA TONAL

Muerte del Cuerpo

Hay muchos peldaños pequeños entre estos tonos, pero alguien que sepa algo sobre los seres humanos definitivamente debería conocer estas emociones específicas.

Una persona que está en *apatía* al mejorar su tono siente *pesar*.

Una persona en *pesar* al mejorar su tono siente *miedo*.

Una persona en *miedo* al mejorar su tono siente *enojo*.

Una persona en *enojo* al mejorar su tono siente *antagonismo*.

Una persona en *antagonismo* al mejorar su tono siente *aburrimiento*.

Cuando una persona en *aburrimiento* mejora su tono está *entusiasta*.

Cuando una persona *entusiasta* mejora su tono siente *serenidad*.

De hecho, el nivel por *debajo de apatía* es tan bajo que constituye una actitud de no-afinidad, no-emoción, no-problema, no-consecuencia respecto a cosas que en realidad son tremendamente importantes. El área por debajo de apatía es un área sin dolor, sin interés, sin beingness ni ninguna de las otras cosas que le interesan a cualquiera. Pero es un área de grave peligro, ya que uno está por debajo del nivel de ser capaz de responder a cualquier cosa y, por lo tanto, puede perderlo todo aparentemente sin *darse cuenta*.

Es posible que un trabajador que está en muy malas condiciones (y que de hecho es un riesgo para la organización) no sea capaz de experimentar dolor ni ninguna emoción sobre ningún tema. Está por debajo de apatía. Hemos visto trabajadores que se lesionan la mano y "no le dan ninguna importancia"; siguen trabajando aun cuando su mano esté seriamente dañada. La gente que trabaja en dispensarios, de zonas industriales, a veces se asombra mucho al descubrir cuán poca atención prestan algunos trabajadores a sus propias lesiones. Es un hecho inquietante que las personas que no prestan ninguna atención a sus lesiones y que ni siquiera sienten dolor en ellas, no son ni serán nunca personas eficientes, a no ser que reciban la atención de un scientologist. Es un riesgo tenerlas cerca.

No responden adecuadamente. Si una persona así está trabajando con una grúa y la grúa repentinamente se sale de control y va a echar su carga sobre un grupo de hombres, ese operador subapático simplemente permitirá que la grúa deje caer su carga. En otras palabras, es un asesino en potencia. No puede parar nada, no puede cambiar nada y no puede comenzar nada. Y sin embargo, debido a cierto tipo de respuesta automática, a veces logra conservar un empleo. Pero en el instante en que se enfrenta a una verdadera emergencia, no es probable que responda adecuadamente y ocurren accidentes.

Cuando hay accidentes en la industria, provienen de estas personas que están en la zona de tonos por debajo de apatía. Cuando en las oficinas se cometen errores graves que representan para las empresas un gran costo y tiempo perdido y causan otras dificultades en el personal, se descubre que tales errores provienen uniformemente de esta gente subapática. Así que no pienses que uno de estos estados en los que no se puede sentir nada, en los que se está entumecido, se es incapaz de sentir dolor o alegría, sea de alguna utilidad para alguien. No lo es. Una persona que está en esta condición no puede controlar las cosas y de hecho no está "ahí" suficientemente para ser controlada por alguien más y hace cosas extrañas e impredecibles.

De la misma manera en que una persona puede estar crónicamente en subapatía, otra puede estar en apatía. Esto es suficientemente peligroso, pero por lo menos se expresa. Sólo cuando subimos a apatía en sí, el Triángulo de A-R-C comienza a manifestarse y se hace visible. Puede esperarse comunicación de la persona en sí, no de algún "circuito" o "pauta de entrenamiento".

La gente puede estar crónicamente en pesar, crónicamente en miedo, crónicamente en enojo o en antagonismo o en aburrimiento o, de hecho, puede estar "atorada en entusiasmo". Una persona que es en verdad capaz normalmente está bastante serena acerca de las cosas. Puede, sin embargo, expresar otras emociones y es un error creer que una serenidad total tenga algún valor real. Cuando no se puede llorar en una situación que exige lágrimas uno no está en serenidad como tono crónico. La serenidad puede confundirse muy fácilmente con esta subapatía, pero, por supuesto solamente la confundiría un observador muy inexperto. Una mirada a la condición física de la persona es suficiente para diferenciar: la gente que está en subapatía normalmente está bastante enferma.

Así como tenemos una gama en la Escala Tonal que corresponde a la afinidad, tenemos otra para la *comunicación*. En el nivel de cada una de las emociones, tenemos un factor de comunicación. En subapatía, un individuo de hecho no se está comunicando en absoluto. Lo que se está comunicando es alguna respuesta social o pauta de entrenamiento o, como decimos, un "circuito". La persona misma no parece estar ahí y en realidad no está hablando. Por lo tanto, sus comunicaciones son a veces extrañas, para no decir más. Hace las cosas erróneas en el momento equivocado. Dice las cosas erróneas en el momento equivocado. Naturalmente, cuando una persona está "atorada" en cualquiera de las bandas de la Escala Tonal: subapatía, apatía, pesar, miedo, enojo, antagonismo, aburrimiento, entusiasmo o serenidad, expresa las comunicaciones con ese tono emocional. Una persona que siempre está enojada acerca de algo está atorada en enojo. Esa persona no está tan mal como alguien que está en subapatía, pero todavía es bastante peligrosa como para tenerla cerca ya que causará problemas. Y una persona que está enojada no controla bien las cosas. Las características de la comunicación de las personas en estos diversos niveles de la Escala Tonal son en verdad fascinantes. Dicen cosas y manejan la comunicación, cada una de una manera característica distinta para cada nivel de la Escala Tonal.

Al igual que para la afinidad y la comunicación, hay un nivel de *realidad* para cada uno de los niveles de afinidad. La realidad es un tema intensamente interesante ya que se relaciona principalmente con *sólidos* relativos. En otras palabras, la solidez de las cosas y el tono emocional de las personas tienen una conexión definida. Los que están bajos en la Escala Tonal no pueden tolerar los sólidos. No pueden tolerar un objeto sólido. No es real para ellos. Es delgado o carente de peso. Conforme suben por la escala, el mismo objeto se vuelve cada vez más sólido y finalmente pueden verlo en su verdadero nivel de solidez.

En otras palabras, la gente tiene una reacción definida a la masa en diversos puntos de la escala. Las cosas son brillantes para ellos o muy, muy opacas. Si pudieras mirar a través de los ojos de una persona en subapatía verías un mundo muy insípido, de poca consistencia, etéreo, nebuloso e irreal. Si miraras a través de los ojos de un hombre enojado, verías un mundo de solidez "amenazadora", donde todos los sólidos se presentarían con "brutalidad". Pero para una persona en buenas condiciones todavía no serían lo suficientemente sólidos ni lo suficientemente reales ni visibles. Una persona en serenidad puede ver los sólidos como son, tan brillantes como son y puede tolerar una enorme pesadez o solidez sin reaccionar a ella. En otras palabras, conforme subimos por la Escala Tonal, desde el nivel más bajo hasta el más alto, las cosas se pueden volver cada vez más sólidas y cada vez más reales.

La afinidad se relaciona principalmente con el *espacio*. De hecho, la afinidad se podría definir como la "consideración de distancia", ya que las terminales que están muy separadas o muy cercanas tienen diferentes reacciones de afinidad entre sí.

La realidad, como hemos visto, se relaciona más íntimamente con los *sólidos*.

La comunicación consiste en el *flujo* de ideas o partículas a través del *espacio* entre *sólidos*.

Aunque estas definiciones puedan parecer muy elementales y no satisfagan en absoluto a un profesor del MIT, de hecho abarcan y sobrepasan todo su campo de actividad. Las verdades no tienen que ser complicadas.

Como se describen y se estudian muy ampliamente en Scientology, existen muchas interrelaciones de espacios, sólidos e ideas o partículas, puesto que estos son los elementos más estrechamente ligados al livingness en sí y abarcan el universo que nos rodea.

Pero lo más básico que deberíamos saber acerca del A-R-C es simplemente el tono emocional, que es afinidad; la existencia perceptible de las cosas, que es la realidad; y la relativa capacidad de comunicación respecto a ellas.

Los hombres que pueden hacer cosas están en un nivel muy alto con respecto a la afinidad, muy alto en términos de realidad y son muy capaces en términos de comunicación. (Si deseas medir sus diversas capacidades, deberías estudiar el tema con mayor profundidad. Se ha escrito todo un libro con relación a este triángulo, su título es *La Ciencia de la Supervivencia*).

Entonces, ¿cómo le *hablarías* a un hombre?

No puedes hablarle adecuadamente a un hombre si estás en una condición de subapatía. De hecho, no le hablarías en absoluto. Deberías tener una afinidad un poco más alta para hablar de algo con cualquier persona. Tu capacidad para hablar con una persona determinada depende de tu respuesta emocional hacia ella. Todos tienen diferentes respuestas emocionales a diferentes personas a su alrededor. En vista de que en la comunicación siempre participan dos terminales (o sea, dos *personas*) uno puede ver que la otra persona tendría que ser en cierto modo real. Si a uno no le importan nada los demás, seguro que tendrá una enorme dificultad para hablarles. La manera de hablarle a un hombre, entonces, sería encontrar algo que te agradara de él y hablar de algo con lo que pueda estar de acuerdo. Esta es la ruina de la mayoría de las ideas nuevas: uno no trata asuntos sobre los que la otra persona ya tiene algún punto de acuerdo.

Y llegamos a un factor decisivo con respecto a la realidad: aquello con lo que estamos de acuerdo tiende a ser más real que aquello con lo que no estamos de acuerdo. Hay una clara coordinación entre acuerdo y realidad. Las cosas que acordamos que son reales, son reales. Las cosas que acordamos que no son reales, no son reales. Tenemos muy poca realidad respecto a las cosas con las que estamos en desacuerdo.

Un experimento basado en esto sería una charla que incluso pueda ser jocosa entre dos hombres acerca de un tercero que esté presente. Dos hombres se ponen de acuerdo en algo con lo cual el tercero no puede estar de acuerdo. El tercer hombre bajará de tono emocional y de hecho se volverá menos real para las dos personas que están hablando de él.

¿Cómo le hablas a un hombre, entonces?

Estableces realidad encontrando algo con lo que ambos estén de acuerdo. Luego intentas mantener tu nivel de afinidad tan alto como sea posible sabiendo que hay algo en él que te puede agradar. Y entonces puedes hablar con él. Si no tienes las dos primeras condiciones, con toda seguridad la tercera condición no estará presente (es decir, no podrás hablar con él fácilmente).

Al usar el Triángulo de A-R-C deberías darte cuenta de que, una vez más, se avanza en los tonos emocionales a medida que uno empieza a desarrollar la comunicación. En otras palabras, en algún momento futuro, alguien que ha estado completamente apático respecto a nosotros puede enojarse con nosotros. Si uno simplemente puede perseverar y subir a través de este enojo, alcanza sólo antagonismo, luego aburrimiento y finalmente entusiasmo y un perfecto nivel de comunicación y comprensión.

Los matrimonios se desintegran simplemente a causa de la falta de comunicación, a causa de una falta de realidad y afinidad. Cuando la comunicación comienza a deteriorarse, la afinidad comienza a disminuir, las personas tienen secretos entre sí, y su afinidad se desploma.

De manera similar, en una oficina o en un negocio, es perfectamente fácil establecer quiénes son los que están haciendo algo que no favorece los mejores intereses de la empresa, ya que estas personas, de manera gradual (y a veces no tan gradual), se salen de comunicación con la empresa. Su tono emocional hacia sus superiores y hacia las personas a su alrededor comienza a caer y finalmente se desploma.

Como puede verse, el Triángulo de A-R-C está íntimamente ligado con la capacidad para controlar y con la capacidad para dejar sin control. Cuando un individuo intenta controlar algo y fracasa, experimenta entonces una antipatía hacia eso. En otras palabras, no estuvo en lo correcto. Estuvo equivocado. Su intención ha fracasado. Se podría decir que su intención ha sido contraproducente.

Así, conforme uno intenta controlar las cosas y fracasa, es probable que baje por la Escala Tonal respecto a esas cosas. Así, un individuo que ha sido traicionado por las herramientas de su oficio podría tratarlas con un nivel de afinidad decreciente. Se aburre de ellas, se vuelve antagonista hacia ellas, se enoja con ellas, y en esta etapa, la maquinaria comienza a echarse a perder. Y al final llega a temerles, se entristece al respecto, se vuelve apático al respecto y ya no le importan en absoluto, y en este punto, con toda seguridad no puede usarlas en absoluto. De hecho, desde el nivel de aburrimiento hacia abajo, la capacidad de usar las herramientas del trabajo de uno se reduce constantemente.

Ahora, ¿cómo podría uno sabiendo esto, subir su capacidad para controlar las herramientas del trabajo sin siquiera acudir a un scientologist? Naturalmente, si un scientologist se hiciera cargo de esta situación, podría recuperarse todo el control de las herramientas, de un área o de la vida. Pero a falta de esto, ¿cómo podría uno simplemente manejar los artículos exactos con los que tiene un vínculo inmediato en este momento?

Usando A-R-C podría recuperar en cierta medida tanto su control de las herramientas como su entusiasmo por el trabajo. Haría esto comunicándose y descubriendo su disposición para que estos factores y las personas a su alrededor fueran reales o sólidas.

Un individuo podría recuperar su capacidad con respecto a sus herramientas inmediatas simplemente *tocándolas* y *soltándolas*. Esto podría parecer bastante inútil y es posible que la persona llegue al nivel de aburrimiento y se aburra con todo el proceso. Justo por encima de este nivel está la recompensa de ponerse entusiasta.

Suena muy extraño que si uno simplemente tocara su auto y lo soltara, y lo tocara y lo soltara, y lo tocara y lo soltara, y lo tocara y lo soltara, posiblemente durante algunas horas, recuperaría no solamente su entusiasmo por el auto, sino una extraordinaria capacidad para controlar el auto que él no había sospechado en absoluto que tenía.

Suena extraño que si hiciéramos que un contador tomara y soltara su lápiz o bolígrafo, durante un par de horas, recuperaría su capacidad para manejarlo y mejoraría en cuanto a su habilidad para hacer cuentas. Y que si hacemos que toque y suelte su libro mayor durante un lapso considerable, sería más capaz de manejar ese libro y cometería muchísimos menos errores con él.

De manera similar con las personas, como a menudo se oponen a que se les toque, uno se puede comunicar. Si en verdad se comunica y se comunica bien con ellas; si escucha lo que tienen que decir, si da acuse de recibo a lo que dicen y les dice lo que tiene que decirles con suficiente delicadeza y suficiente frecuencia para que realmente lo reciban, recuperará en gran medida su capacidad para asociar y coordinar las acciones de las personas que se encuentran en su entorno inmediato.

Aquí tenemos el A-R-C adaptado directamente al trabajo.

Esto parece magia. Es magia. Es Scientology.

*"Si en verdad se comunica y se comunica bien con ellas...
recuperará en gran medida su capacidad para asociar
y coordinar las acciones de las personas que se
encuentran en su entorno inmediato".*

CAPÍTULO SIETE

EL AGOTAMIENTO

EL AGOTAMIENTO

¿TRABAJAR O NO TRABAJAR? He ahí el dilema. La respuesta a ese dilema en la mente de la mayoría de las personas es el AGOTAMIENTO.

Después de haber estado trabajando durante mucho tiempo, después de haber sido maltratado considerablemente en el empleo, uno empieza a sentir que seguir trabajando estaría más allá de su capacidad de resistencia. Está cansado. Pensar en hacer ciertas cosas le cansa. Piensa en aumentar su energía o en ser capaz de esforzarse para avanzar sólo un poco más. Y si lo hace, está pensando en la dirección equivocada, ya que la solución al agotamiento tiene poco que ver con la energía, si es que tiene algo que ver con ella.

El agotamiento es un tema muy importante no sólo para el individuo que se está ganando la vida, sino también para el estado.

Scientology ha demostrado de manera bastante completa el hecho de que la decadencia del individuo empieza cuando ya no puede trabajar. Todo lo que se necesita para degradar a alguien o causarle un trastorno es impedirle que trabaje. Hasta la policía acaba de reconocer este principio básico de Scientology: que el principal problema del criminal es que *no puede trabajar*. Y la policía ha empezado a buscar este factor en un individuo al establecer su criminalidad.

La dificultad básica con relación a toda la delincuencia juvenil se debe al antiguo programa aparentemente humanitario que prohíbe que los niños realicen cualquier tipo de trabajo. Indudablemente es un hecho que en otros tiempos se abusaba del trabajo infantil, que a los niños se les hacía trabajar en exceso, que su crecimiento se dificultaba, y que en general se les utilizaba. Es muy dudoso que el infame Sr. Marx hubiera visto alguna vez que en Estados Unidos se sacaran de las máquinas niños muertos debido al trabajo y que los amontonaran en una pila. En donde hubo abuso en este asunto, hubo un clamor popular en su contra. Y se promulgó legislación para impedir que los niños trabajaran.

Esta legislación, hecha con toda la buena intención del mundo, es, sin embargo, directamente responsable de la delincuencia juvenil. Prohibir a los niños trabajar, y en especial prohibir a los adolescentes labrarse su propio camino en el mundo y ganar su propio dinero, crea una dificultad familiar tal que hace casi imposible sacar adelante una familia. Y también crea, de manera especial en el adolescente, un estado de ánimo de que "el mundo no lo quiere" y de que ya ha perdido su juego antes de haberlo comenzado. Después, con algo como el Servicio Militar Obligatorio mirándolo fijamente a la cara para que no se atreva a comenzar una carrera, se ve por supuesto lanzado a una profunda subapatía en el tema del trabajo. Y cuando finalmente se enfrenta a la necesidad de abrirse su propio camino en el mundo, sube a apatía y no hace absolutamente nada al respecto.

Algo que apoya en gran medida este hecho es que nuestros ciudadanos más destacados por lo general trabajaron desde que eran muy jóvenes. En la civilización angloamericana, los esfuerzos de mayor nivel fueron realizados por muchachos que desde la edad de doce años tenían sus propias labores en las granjas y tenían un lugar definido en el mundo.

Los niños en general están bastante dispuestos a trabajar. Podemos encontrar que un niño de dos, tres o cuatro años generalmente persigue a su padre, o a su madre tratando de ayudar, bien sea con herramientas o con trapos para limpiar. Y el padre bondadoso que en verdad siente cariño por los niños responde en la manera razonable que desde hace mucho ha sido normal y es lo suficientemente paciente para dejar que el niño en realidad ayude. Un niño, al que se le permite ayudar desarrolla la idea de que se desea su presencia y su actividad y con mucha tranquilidad inicia una carrera de logros. El niño a quien se le presiona o se le obliga a hacer alguna carrera pero a quien no se le permite ayudar en esos años tempranos, está convencido de que no se le quiere, de que el mundo no quiere nada con él. Y posteriormente tendrá dificultades muy concretas respecto al trabajo.

Sin embargo (en esta sociedad moderna) se desalienta al niño que a los tres o cuatro años quiere trabajar y de hecho se le impide que trabaje. Y después de obligarlo a estar ocioso hasta los siete, ocho o nueve años, lo cargan repentinamente con ciertas tareas. Este niño ya está educado en el hecho de que "no debe trabajar", así que la idea del trabajo es una esfera donde él "sabe que no hay lugar para él" y entonces siempre se siente incómodo al ejecutar diversas actividades. Posteriormente, en su adolescencia, se le impide activamente conseguir el tipo de trabajo que le permitiría comprar ropa y obsequios para sus amigos, lo cual siente que es lo que se espera de él. Y así comienza a sentir que no es parte de la sociedad. Al no ser parte de la sociedad, está entonces contra ella y no desea otra cosa que actividades destructivas.

El tema del agotamiento es también el tema del "trabajo impedido". En el caso de los soldados y marinos hospitalizados durante cualquiera de las recientes guerras, se encuentra que unos cuantos meses en el hospital tienden a quebrantar la moral del soldado o del marino a tal punto que se pueden convertir en elementos de dudosa valía al volver al servicio. Esto no es necesariamente el resultado de que sus facultades hayan disminuido. Es el resultado combinado de las lesiones y la inactividad. Se ha descubierto que el soldado herido que recibe atención en un hospital cercano "al frente", y se le hace volver al servicio tan pronto como pueda cumplir de alguna manera con su deber, conserva en gran medida su moral.

Por supuesto, la lesión recibida tiende a alejarlo del nivel de acción que él antes consideraba óptimo. Pero aun así, se encuentra en mejor forma que el soldado al que envían al hospital en "la retaguardia". Al soldado que se envía a un hospital en la retaguardia se le está diciendo, desde su punto de vista, que no es particularmente necesario para la guerra.

Al no entenderse realmente estos principios, comenzó a emplearse la palabra "agotamiento" relacionándola con "neurosis". Ahora, esto se basaba en el hecho de que la gente neurótica simplemente parecía agotada. No existía ninguna otra relación. En realidad una persona a quien se le ha negado su derecho a trabajar, en especial una persona que se ha lesionado y luego se le ha negado el derecho a trabajar, con el tiempo se sentirá agotada.

En Scientology se descubre técnicamente que no existe tal cosa como una "disminución gradual, de la energía de un individuo, cuando él hace uso continuo de ella". Uno no se agota simplemente porque haya trabajado demasiado tiempo o demasiado duro. Uno se agota sólo cuando ha trabajado durante el tiempo suficiente para reestimular alguna antigua lesión. Una de las características de esta lesión será el "agotamiento". Entonces, el agotamiento crónico no es el producto de largas horas y ardua dedicación. Es el producto de la acumulación de las conmociones y lesiones inherentes a la vida, quizás cada una con una duración de sólo unos segundos o unas cuantas horas, y que en total, quizás no sobrepasen unas cincuenta o setenta y cinco horas. Pero esta acumulación; la acumulación de lesiones, rechazos y conmoción, al final conduce a una completa incapacidad para hacer nada.

Por tanto, el agotamiento puede inculcarse en una persona, negándose a permitirle tener un sitio en la sociedad siendo niño. O se le puede introducir a la fuerza a un individuo por medio de las diversas lesiones o conmociones que pueda recibir debido a sus actividades específicas. Al limpiar cualquiera de estos dos puntos, habrás limpiado el tema del agotamiento. El agotamiento es, por lo tanto, un tema para un profesional de Scientology, ya que sólo un scientologist puede resolverlo adecuadamente.

Existe, no obstante, un punto que se encuentra por debajo del agotamiento. Es el punto de no saber cuándo se está cansado. Un individuo puede convertirse en una especie de títere frenético que continúa trabajando, trabajando y trabajando sin darse cuenta siquiera de que está trabajando, y repentinamente sufre un colapso a causa de un cansancio que no estaba experimentando. Esta es, una vez más, nuestra Escala Tonal por debajo de apatía.

Y de nuevo tenemos el tema del control. Aquí, el individuo ha intentado controlar las cosas pero ha fracasado y por ello ha bajado por la Escala Tonal hasta la banda por debajo de apatía. Finalmente, ya no es capaz de manejar nada que se asemeje siquiera a las herramientas de su oficio o al entorno de trabajo y por tanto, no es capaz de vivir en ese entorno ni de manejar esas herramientas. Entonces, se le pueden lanzar al individuo muchas reprimendas severas al respecto. Pueden llamarlo "perezoso", pueden llamarlo "vago" o pueden llamarlo "criminal". Pero la verdad del asunto es que no es más capaz de corregir su propia condición (sin ayuda experta) de lo capaz que sería para sumergirse hasta el centro de la Tierra.

Existen algunos medios para recuperar la energía y el entusiasmo de uno por trabajar a falta de trabajar directamente con un profesional de Scientology. Son relativamente simples y muy fáciles de comprender.

Tenemos, en Scientology, algo que llamamos INTROVERSIÓN.

Y, otra cosa que llamamos EXTROVERSIÓN.

La introversión es algo simple. Significa "mirar hacia dentro demasiado a fondo".

Y la extroversión también es algo simple. Sólo significa "ser capaz de mirar hacia afuera".

Podría decirse que existen "personalidades introvertidas" y "personalidades extrovertidas". La personalidad extrovertida es aquella que es capaz de mirar a su alrededor en el entorno. La personalidad introvertida sólo es capaz de mirar hacia dentro de sí misma.

"Podría decirse que existen 'personalidades introvertidas' y 'personalidades extrovertidas'".

Cuando examinamos la Escala Tonal de A-R-C, vemos de inmediato que una personalidad introvertida está huyendo de los objetos sólidos. En otras palabras, no está confrontando la realidad. Realidad es *acuerdo* en el plano mental y es *sólidos* en el plano físico.

Una persona que es capaz de mirar al mundo que le rodea y verlo como algo muy real y muy brillante, se encuentra, por supuesto, en un estado de extroversión. En otras palabras, puede "mirar hacia afuera". También puede trabajar. También puede ver situaciones y manejar y controlar lo que *tiene* que manejar y controlar y puede mantenerse al margen y observar lo que *no* tiene que controlar y estar interesado en ello, en consecuencia.

La persona que está introvertida es la que probablemente ha sobrepasado el agotamiento desde hace tiempo. Su atención se ha ido enfocando cada vez más cerca de sí misma (básicamente por lesiones antiguas que todavía pueden ejercer su influencia sobre ella) hasta que, de hecho, está mirando hacia dentro y no hacia fuera. Está huyendo de los objetos sólidos. No ve una realidad en otras personas ni en las cosas que le rodean.

Hablemos ahora del tema del trabajo en sí.

El trabajo es "la aplicación de la atención y la acción a personas u objetos situados en el espacio".

Cuando alguien ya no es capaz de confrontar personas u objetos o no es capaz de confrontar el espacio en el que están situados, empieza a tener una sensación de estar "perdido". Comienza a andar entre brumas. Las cosas no le son reales y es relativamente incapaz de controlar lo que le rodea. Tiene accidentes, tiene mala suerte, las cosas se vuelven contra él simplemente porque no las está manejando ni controlando o ni siquiera las está observando correctamente. El futuro le parece muy malo, tan malo que a veces no puede afrontarlo. Podría decirse que esta persona está gravemente introvertida.

En el trabajo, su atención está absorta en objetos que por lo general se encuentran cuando mucho, a sólo un metro de él.

Presta su mayor atención a cosas que están al alcance de sus manos. Esto aleja su atención de la extroversión, y la pone en cierto punto de enfoque frente a su cara. Su atención se fija ahí. Si esto coincide con alguna antigua lesión, incidente u operación, es probable que también fije su atención en algún momento del pasado y se *reestimule,* de manera que sienta los dolores y los achaques, la sensación de cansancio, de apatía o de subapatía que tuvo durante el momento de la lesión. Como su atención está clavada ahí continuamente, por supuesto tiene la tendencia a mirar *sólo* ahí aun cuando no esté trabajando.

Tomemos el caso de un contador. Sus ojos dirigen la mirada a los libros, a una distancia fija. A la larga, se vuelve "miope". En realidad no se vuelve miope, sino que se convierte en "librope". Sus ojos se fijan con más facilidad en un punto situado a una distancia determinada. Ahora bien, al fijar su atención *ahí,* tiende a retirarse también de *ese* punto hasta que al final de hecho ni siquiera alcanza sus propios libros. Entonces se pone lentes para poder ver los libros con más claridad. Su visión y su atención son casi lo mismo.

Una persona que tiene continuamente frente a sí, a una distancia fija, una máquina, libros u objetos, al salir del trabajo, tiende a mantener su atención fija exactamente donde estaba su trabajo. En otras palabras, su atención jamás abandona el trabajo en lo más mínimo. Aun cuando se vaya a casa, en realidad todavía sigue "sentada en la oficina". Su atención continúa fija en el entorno de su trabajo. Si este entorno coincide con alguna lesión o accidente (¿y quién no tiene por lo menos uno?) empieza a sentir cansancio o fatiga.

¿Hay un remedio para esto? Por supuesto, sólo un profesional de Scientology podría arreglar por completo esta dificultad. Pero sí hay algo que el trabajador puede hacer.

Ahora bien, esto es lo que *no* se debe hacer, sin importar si uno es tenedor de libros, contador, oficinista, ejecutivo o trabaja con una máquina. Lo que no se debe hacer es salir del trabajo, ir a casa, sentarse y fijar la atención en un objeto situado más o menos a la misma distancia que confronta constantemente en el trabajo.

Por ejemplo, en el caso de un capataz que continuamente habla con los trabajadores que están a cierta distancia de él, lo incorrecto sería irse a casa y hablar con su mujer a la misma distancia. Lo primero que se encontrará su mujer es que estará recibiendo órdenes ¡como si fuera un trabajador más del taller!

Lo que definitivamente sería incorrecto es irse a casa, sentarse a leer el periódico, cenar e irse a la cama. Si un hombre practicara la rutina de trabajar todo el día y luego se sentara "a descansar" con un libro o un periódico por la noche, es seguro que tarde o temprano empezaría a sentirse bastante agotado. Y luego, poco después, se sentiría aún peor y ni siquiera le sorprendería el hecho de no estar dispuesto a llevar a cabo tareas que en otro tiempo le resultaban muy fáciles.

¿Hay algo *correcto* que se pueda hacer? Sí, lo hay. Un individuo que continuamente tiene la atención fija en algún objeto del trabajo debería fijar su atención de otra forma *después* de las horas laborales.

Hay un proceso que se conoce como:

DAR UN PASEO.

Es un proceso muy fácil de realizar.

Cuando uno se siente cansado al terminar su trabajo, debe salir y *caminar alrededor de la manzana* hasta sentirse descansado aunque sólo pensar en hacerlo sea casi todo lo que pueda tolerar antes de caer tendido al suelo. En resumen, debe caminar alrededor de la manzana y *mirar* las cosas hasta que *vea* las cosas que se encuentran cerca de donde camina. No importa cuántas veces camine alrededor de la manzana, debe hacerlo hasta que se sienta mejor.

Al hacer esto, se encontrará que uno se sentirá un poco más despierto al principio y luego mucho más cansado. Se sentirá lo suficientemente cansado como para "saber" que ahora debería irse a la cama y dormir bien toda la noche. Pero este *no* es el momento para dejar de caminar, ya que uno está caminando a través del agotamiento.

Está "eliminando su agotamiento por medio del paseo". No está resolviendo el problema del agotamiento mediante ejercicio físico. El ejercicio físico siempre le ha parecido a la gente el factor más importante, pero el ejercicio físico es relativamente de poca importancia. El factor importante es hacer que su atención deje de estar fija en su trabajo y ponerla en el mundo material en el que vive.

Las masas son realidad. Para incrementar la afinidad y la comunicación propias, es de hecho necesario ser capaz de confrontar y tolerar masas. Por lo tanto, se encontrará que caminar alrededor de la manzana y mirar los edificios subirá a la persona en la escala. Cuando alguien está tan cansado que apenas se puede arrastrar, o tan cansado que se encuentra demasiado inquieto como para poder descansar en absoluto, lo que en realidad hace falta es que confronte masas. Simplemente está bajo en la Escala Tonal. Incluso es dudoso que exista el llamado "descenso de energía física". Naturalmente, hay un límite para este proceso. Uno no puede trabajar todo el día, caminar toda la noche alrededor de la manzana, ir a trabajar de nuevo al día siguiente y esperar sentirse aliviado. Pero, desde luego, se debería dedicar cierto tiempo a extrovertirse después de haberse introvertido todo el día.

Dar un Paseo es, dentro de lo razonable, casi una panacea o curalotodo.

Si uno se siente antagonista hacia su esposa, ¡lo que no hay que hacer es "darle una paliza"! Lo correcto es salir y caminar alrededor de la manzana hasta que se sienta mejor y hacer que ella también camine alrededor de la manzana en la dirección contraria hasta que se logre una extroversión de la situación, ya que se descubrirá que todos los conflictos domésticos, en especial entre personas que trabajan, se originan por fijar excesivamente la atención en el trabajo y en las situaciones relacionadas con él (no porque las personas se hayan esforzado demasiado). Uno no logró controlar ciertas cosas en el entorno laboral. Luego llega a casa y trata de encontrar algo que *pueda* controlar. Generalmente es el cónyuge o los hijos. Y cuando fracasa incluso en esto, tiende a descender mucho en la escala.

La extroversión de la atención es tan necesaria como el trabajo en sí. En realidad no tiene nada de malo introvertir la atención ni trabajar. Si uno no tuviera algo que le interesara, se desmoralizaría por completo. Pero si trabaja, encontrará que existe una tendencia a que ocurra un cansancio que no es natural. Cuando suceda esto, la solución no es "caer en la inconsciencia" durante unas cuantas horas (como al dormir), sino extrovertir realmente la atención y después tener un sueño *verdaderamente* relajante.

Estos principios de introversión y extroversión tienen muchas ramificaciones. Y aunque Dar un Paseo es casi ridículo en su simplicidad, existen muchos procedimientos más complicados en caso de que uno deseara ponerse más complicado. Sin embargo, Dar un Paseo por lo general resolverá una enorme cantidad de dificultades relacionadas con el trabajo.

Recuerda que, al hacerlo, uno se siente más cansado al principio y después se sentirá más fresco. Los atletas se han percatado de este fenómeno. Se le llama "segundo aire". Este segundo aire es, en realidad, percibir suficiente entorno y masa para "eliminar" el agotamiento de la última carrera. No existe tal segundo aire. Lo que sí existe es un retorno a la extroversión en el mundo físico en que uno vive.

Hay un proceso similar a Dar un Paseo conocido como:

OBSERVAR A LA GENTE.

Si alguien ha estado todo el día hablando con gente, le ha estado vendiendo o ha estado manejando personas difíciles, lo que *no* debe hacer es huir de toda la gente que hay en el mundo.

El individuo que experimenta demasiada tensión cuando maneja gente, ha tenido grandes dificultades *con* la gente. Quizás esa persona ha sido operada por médicos y su visión borrosa de ellos cuando estaban de pie en torno a la mesa de operaciones, hace que identifique a "toda la gente" con los "médicos" (es decir, a toda la gente que está de pie). A propósito, esta es una de las razones por las que la sociedad aborrece tanto a los médicos, pues insisten en prácticas llamadas cirugía y anestesia, y estos incidentes llegan a entrelazarse con incidentes cotidianos.

El que uno se agote a causa del contacto con las personas indica que de hecho se ha reducido su "havingness" (otro término de Scientology para "realidad") de personas. La atención del individuo ha estado fija en ciertas personas, mientras sentía que su atención debería dirigirse a otras. Y esta tensión de la atención de hecho ha reducido el número de personas que estaba observando. Por tanto, fijar la atención en unas cuantas personas, de hecho, puede limitar la cantidad de personas que uno puede "tener" (es decir, puede limitar la realidad propia respecto a la gente en general).

El remedio para esto es muy simple. Uno debe ir a un lugar que esté muy concurrido (como una estación de ferrocarril o una calle importante) y simplemente pasear por la calle observando a la gente. Sólo *mirar a la gente,* eso es todo. Después de un tiempo, se encontrará, que uno siente que la gente "no es tan mala" y tiene una actitud mucho más amable hacia ella. Pero lo más importante es que la situación laboral de sentir una tensión excesiva con respecto a la gente tiende a desaparecer si se adopta la práctica de hacer esto cada tarde durante algunas semanas.

Esta es una de las cosas más inteligentes que puede hacer un vendedor, ya que un vendedor, más que ningún otro, tiene un interés personal en poder tratar con la gente y lograr que hagan exactamente lo que él quiere que hagan (es decir, comprar lo que él vende). Cuando el vendedor fija su atención en demasiados clientes, se cansa sólo ante la idea de hablar con la gente o de vender; baja por la Escala Tonal en todas sus actividades y operaciones, empieza a considerarse como un "estafador" y, a la larga, se considera como nada en absoluto. Él, como los demás, debería simplemente encontrar lugares concurridos y pasear por ellos mirando a la gente. Después de un tiempo, encontrará que la gente en realidad existe y que no es tan mala.

Una de las cosas que les suceden a las personas en altos puestos gubernamentales es que continuamente "se les protege" de la gente. Y a la larga llega a disgustarles mucho todo el tema y es posible que hagan toda clase de cosas extrañas. (Véanse las vidas de Hitler y Napoleón).

Este principio de introversión y extroversión podría llegar mucho más lejos de lo que llega en la sociedad. Hay algo (que los gobiernos y las empresas en general podrían hacer) que probablemente erradicaría la idea de las huelgas y aumentaría en gran medida la producción. Por lo general, los trabajadores que hacen huelga, no están descontentos con las "condiciones laborales" sino con el trabajo en sí. Se sienten víctimas. Sienten que se les obliga a trabajar en momentos en los que no quieren trabajar. Y una huelga llega como un verdadero alivio. Pueden luchar contra algo. Pueden hacer algo más que quedarse ahí y juguetear con una máquina o con libros de contabilidad. Los trabajadores insatisfechos son los que se declaran en huelga. Si la gente se agota en el trabajo, si la gente no está satisfecha con el trabajo, si la gente está disgustada con el trabajo, puede darse por hecho que encontrará una cantidad suficiente de motivos de queja para ir a la huelga. Y si la gerencia experimenta dificultades y falta de cooperación por parte de los que ocupan puestos inferiores en la cadena de mando, es seguro que tarde o temprano esa gerencia creará situaciones que harán que los trabajadores vayan a la huelga. En otras palabras, las malas condiciones del trabajo no son realmente la razón de los problemas y conflictos laborales. La fatiga del trabajo en sí, o la incapacidad para controlar el área y los entornos del trabajo, *son* la verdadera causa de las dificultades laborales.

Cualquier gerencia que cuente con suficientes ingresos para hacerlo pagará salarios laborales justos si no está terriblemente aberrada. Y cualquier trabajador a quien se le dé una mínima oportunidad, desempeñará sus labores con agrado. Pero una vez que el entorno en sí se vuelve excesivamente tenso, una vez que la compañía en sí se introvierte por "actos hostiles" del gobierno, una vez que se les ha mostrado a los trabajadores que no tienen ningún control sobre la gerencia, después de eso, pueden ocurrir disputas laborales. Sin embargo, por debajo de todos estos principios obvios están los principios de la introversión y la extroversión.

Los trabajadores llegan a introvertirse tanto en sus tareas que ya no son capaces de tener afinidad por sus líderes y de hecho no son capaces de ver el entorno en que trabajan. Por lo tanto, puede venir alguien y decirles que "todos los ejecutivos son unos ogros", lo que obviamente no es verdad. Y en el nivel ejecutivo, alguien puede venir y decir que "todos los trabajadores son unos ogros", lo que obviamente tampoco es verdad.

A falta de un tratamiento general para cada individuo, lo que es una tarea gigantesca, podría desarrollarse todo un programa que manejara el principio de la introversión. Es seguro que si los trabajadores o los gerentes se introvierten lo suficiente, encontrarán maneras y medios de inventar juegos aberrados, (como las huelgas), y trastornar así la producción, las relaciones decentes y las condiciones de vida dentro de la fábrica, la oficina o la empresa.

El remedio sería extrovertir a los trabajadores en una escala muy amplia. Esto podría hacerse como una solución, haciendo que fuera posible que todos los trabajadores tuvieran dos empleos. Para esto, sería necesario que la compañía o los organismos relacionados (como el gobierno) hicieran disponibles suficientes "proyectos de obras públicas" para proporcionar trabajo a los trabajadores fuera de sus áreas exactas de especialización. En otras palabras, una persona que tuviera que trabajar continuamente *bajo techo* en una tarea demasiado fija, experimentaría un alivio considerable si pudiera salir al *exterior* y trabajar; especialmente en alguna tarea que *no tuviera relación* alguna con su otro trabajo.

Por ejemplo, para un contador significaría un alivio considerable cavar zanjas durante un rato. Al operario de una máquina fija, le resultaría una experiencia muy agradable conducir un buldózer.

Por tanto, un plan de este tipo, se ocuparía realmente de la *introversión* y la *extroversión* a gran escala y pondría en efecto este principio. A los trabajadores que tienen posiciones fijas, y ponen su atención muy cerca de ellos, se les permitiría mirar más extensamente y manejar cosas que tendieran a extrovertirlos. Este programa sería muy ambicioso. Pero ciertamente se encontraría que conduciría a mejores relaciones entre la dirección y los trabajadores, conduciría a una mejor producción y a una disminución considerable de la tensión pública y laboral con respecto a temas como los empleos y la paga.

En resumen, hay muchas cosas que podrían hacerse con el principio básico de la introversión y la extroversión.

El principio es muy simple. Cuando a un individuo se le introvierte demasiado, las cosas se vuelven menos reales a su alrededor, y les tiene menos afinidad y no puede comunicarse bien con ellas. Es más, lo que *sí* comunica tiende a comunicarlo en su nivel bajo de la Escala Tonal de manera que incluso recibirá deficientemente las buenas noticias. En tales condiciones, se cansa con facilidad. La introversión provoca fatiga, agotamiento y después incapacidad para trabajar. El remedio para esto es la extroversión, una buena mirada al entorno más amplio y comunicación con él. Y a menos que esto se practique, entonces en vista del hecho de que cualquier trabajador está expuesto a lesiones y enfermedades de una clase u otra, sobrevendrá una espiral descendente que hará que el trabajo sea cada vez menos agradable hasta que al final no pueda ejecutarse en absoluto. Y tendremos la base no sólo de una sociedad improductiva, sino de una sociedad criminal.

CAPÍTULO OCHO

EL HOMBRE QUE
TRIUNFA

EL HOMBRE QUE TRIUNFA

LAS CONDICIONES DEL ÉXITO son pocas y se dicen fácilmente.

Los empleos en realidad no se conservan, invariablemente, por caprichos del destino ni por la fortuna. Aquellos que dependen de la suerte generalmente experimentan mala suerte.

La capacidad para conservar un empleo depende principalmente de la capacidad. Uno tiene que ser capaz de controlar su trabajo y tiene que ser capaz de ser controlado al hacer su trabajo. También tiene que ser capaz de dejar ciertas áreas sin control. La inteligencia de una persona se relaciona directamente con su capacidad. No existe eso de ser demasiado inteligente. Pero sí existe el ser demasiado estúpido.

Pero uno puede ser capaz e inteligente sin tener éxito. Una parte vital del éxito es la capacidad para manejar y controlar no sólo las herramientas que uno usa en el trabajo, sino a la gente que tiene alrededor. Para hacerlo, uno tiene que ser capaz de un nivel muy alto de afinidad, tiene que ser capaz de tolerar realidades masivas, y también tiene que ser capaz de dar y recibir comunicación.

Los ingredientes del éxito son entonces, primero, una capacidad para confrontar el trabajo con alegría y no con horror, un deseo de hacer el trabajo por el trabajo en sí, no porque uno "deba tener un sueldo". Uno tiene que ser capaz de trabajar sin forzarse o sin experimentar niveles profundos de agotamiento. Si alguien los experimenta, algo está mal en él. Hay algún elemento en su entorno que debería estar controlando que no está controlando. O sus lesiones acumuladas son tales que hacen que huya de todas las personas y las masas con las que debería estar en íntimo contacto.

Los ingredientes del trabajo exitoso son entrenamiento y experiencia en el tema que se aborda, buena inteligencia en general y capacidad, aptitud para tener una alta afinidad, una tolerancia de la realidad, y la capacidad de comunicar y recibir ideas.

Si se tiene todo esto, sólo queda un ligero margen para el fracaso. Si un hombre tiene todo esto, puede ignorar todas las casualidades de nacimiento, matrimonio o fortuna, porque el nacimiento, el matrimonio y la fortuna no son capaces de poner estos ingredientes necesarios en sus manos.

Alguien podría tener todo el dinero del mundo y sin embargo ser incapaz de llevar a cabo una hora de trabajo honesto. Ese hombre sería miserablemente desdichado.

La persona que cuidadosamente evita el trabajo por lo general trabaja mucho más tiempo y más arduamente que el hombre que placenteramente lo confronta y lo hace. Los hombres que no pueden trabajar no son hombres felices.

El trabajo es el dato estable de esta sociedad. Sin algo que hacer, no existe nada para lo cual vivir. Un hombre que no puede trabajar vale lo mismo que si estuviera muerto, y por lo general prefiere la muerte y trabaja para conseguirla.

Con Scientology, los misterios de la vida no son tan misteriosos hoy en día. El misterio no es un ingrediente necesario. Sólo el hombre muy aberrado desea que se le oculten grandes secretos. Scientology se ha abierto paso a través de muchas de las complejidades que se han erigido ante los hombres y ha puesto al descubierto la esencia misma de estos problemas. Por primera vez en la historia del Hombre, Scientology puede prediciblemente elevar la inteligencia, incrementar la capacidad y lograr que se recupere la capacidad para jugar un juego, y le permite al Hombre escapar de la espiral descendente de sus propias incapacidades. Por lo tanto, el trabajo en sí puede volver a ser otra vez algo agradable y placentero.

Hay algo que se ha aprendido en Scientology y que es muy importante para el estado de ánimo del trabajador. Muy a menudo uno siente, en la sociedad, que está trabajando por la paga inmediata y que no logra nada importante para la sociedad en general. Hay varias cosas que desconoce. Una de ellas es que hay muy *pocos* que sean buenos trabajadores. A nivel ejecutivo, es interesante observar cuán *verdaderamente* valioso es para una compañía el hombre que puede manejar y controlar empleos y hombres. Estos individuos son escasos. Todo el vacío en la estructura de este mundo del trabajo cotidiano se encuentra en la parte superior.

Hay otro punto de gran importancia. Y es el hecho de que ciertas filosofías mentales creadas para traicionar al mundo lo han conducido hoy a la creencia de que cuando uno muere, todo se ha acabado y terminado, y que ya no se tiene responsabilidad por nada. Es muy dudoso que esto sea verdad. Uno hereda mañana aquello por lo que murió ayer.

Otra cosa que sabemos es que los hombres no son prescindibles. Es un mecanismo de filosofías antiguas decirles a los hombres que "Si creen que son indispensables, deberían ir al cementerio y observar que esos hombres también eran indispensables". Esto es absolutamente ridículo. Si realmente observaras con cuidado en el cementerio, encontrarías al ingeniero que estableció los modelos de antaño, y sin los cuales no habría industria hoy. Es dudoso que una hazaña similar se esté llevando a cabo en este momento.

Un trabajador no es sólo un trabajador. Un obrero no es sólo un obrero. Un oficinista no es sólo un oficinista. Son pilares importantes que viven y respiran y sobre los que se erige toda la estructura de nuestra civilización. No son engranajes de una imponente máquina. Son la máquina en sí.

Hemos llegado a un bajo nivel de capacidad para trabajar. Las oficinas muy a menudo dependen sólo de uno o dos hombres y el personal adicional sólo parece añadir complejidad a las actividades del escenario. Los países avanzan por la producción de sólo unas cuantas fábricas. Es como si al mundo lo estuviera manteniendo unido un puñado de hombres desesperados que, al trabajar hasta la muerte, puede que mantengan en marcha al resto del mundo.

Pero, una vez más, puede que no lo hagan.

Es a ellos a quienes se dedica este libro.

*"Es como si al mundo lo estuviera manteniendo
unido un puñado de hombres desesperados que,
al trabajar hasta la muerte, puede que mantengan
en marcha al resto del mundo.
Pero, una vez más, puede que no lo hagan.
Es a ellos a quienes se dedica este libro".*

APÉNDICE

ESTUDIO ADICIONAL
LIBROS Y CONFERENCIAS POR L. RONALD HUBBARD

Los materiales de Dianética y Scientology componen el conjunto más grande de información jamás reunido sobre la mente, el espíritu y la vida, rigurosamente perfeccionado y sistematizado por L. Ronald Hubbard durante cinco décadas de búsqueda, investigación y desarrollo. Los resultados de ese trabajo están contenidos en cientos de libros y más de 3,000 conferencias grabadas. En cualquier Iglesia u Organización de Publicaciones de Scientology, se puede conseguir una lista y descripción completas de todas ellas, incluyendo las ediciones traducidas disponibles en tu idioma. (Véase la **Guía de los Materiales**).

Los libros y las conferencias mencionados a continuación forman los cimientos sobre los que se ha construido el Puente a la Libertad. Aparecen en la secuencia en que Ronald los escribió o los hizo disponibles. En muchos casos, Ronald dio una serie de conferencias inmediatamente después del lanzamiento de un libro nuevo para proporcionar una explicación y comprensión adicionales de estos hitos. Gracias a esfuerzos monumentales de traducción, esas conferencias están ahora disponibles y aparecen aquí junto con el libro que las acompaña.

Mientras que los libros de Ronald contienen los resúmenes de los avances sensacionales y de las conclusiones a medida que aparecían en el curso de la investigación y desarrollo, sus conferencias proporcionan el registro diario de la investigación y explican los pensamientos, conclusiones, pruebas y demostraciones que hay a lo largo de ese camino. En lo que a eso respecta, son el registro completo de todo el curso de la investigación, que proporcionan no sólo los avances sensacionales más importantes en la historia del Hombre, sino también el *porqué* y el *cómo* Ronald llegó a ellos.

Una ventaja importante del estudio cronológico de estos libros y conferencias es la inclusión de las palabras y términos que, cuando se usaron originalmente, se definieron con considerable exactitud por LRH. Más allá de una mera "definición", hay conferencias enteras dedicadas a la descripción completa de cada nuevo término de Dianética y Scientology: que hizo posible el descubrimiento, su aplicación en la auditación así como su aplicación a la vida en sí. Como resultado, uno no deja detrás ningún malentendido, obtiene una comprensión conceptual completa de Dianética y Scientology y capta los temas a un nivel que de otra manera es imposible.

A través de un estudio en secuencia, puedes ver cómo progresó el tema y reconocer los niveles más altos de desarrollo. La lista de los libros y conferencias que se presenta a continuación muestra dónde encaja *Los Problemas del Trabajo* en la línea de desarrollo. A partir de ahí puedes determinar tu *siguiente* paso o cualesquiera libros o conferencias anteriores que hayas podido pasar por alto. Entonces serás capaz de rellenar los huecos, no sólo adquiriendo conocimiento de cada descubrimiento, sino una mayor comprensión de lo que ya hayas estudiado.

Este es el camino hacia saber cómo saber que abre las puertas a tu futura eternidad. Síguelo.

DIANÉTICA: LA TESIS ORIGINAL • La *primera* descripción de Dianética que hizo Ronald. Originalmente estuvo en circulación en forma de manuscrito, fue copiada rápidamente y se pasó de mano en mano. Al correrse la voz se creó tal demanda de información adicional que Ronald concluyó que la única manera de responder a las preguntas era con un libro. Ese libro fue Dianética: La Ciencia Moderna de la Salud Mental, que ahora es el libro de autoayuda más vendido de todos los tiempos. Descubre qué comenzó todo. Pues estos son los cimientos sólidos de los descubrimientos de Dianética: los *Axiomas Originales,* el *Principio Dinámico de la Existencia,* la *Anatomía de la Mente Analítica* y de la *Mente Reactiva,* las *Dinámicas,* la *Escala Tonal,* el *Código del Auditor* y la primera descripción de un *Clear.* Aún más, estas son las leyes primarias que describen *cómo* y *por qué* funciona la auditación. Sólo se encuentra aquí, en Dianética: La Tesis Original.

DIANÉTICA: LA EVOLUCIÓN DE UNA CIENCIA • Esta es la historia de *cómo* Ronald descubrió la mente reactiva y desarrolló los procedimientos para deshacerse de ella. Escrito originalmente para una revista nacional, publicado para que coincidiera con la publicación de Dianética: La Ciencia Moderna de la Salud Mental, inició un movimiento que se extendió como reguero de pólvora, casi de la noche a la mañana, tras la publicación de ese libro. Por tanto, aquí se encuentran, tanto los fundamentos de Dianética como el único informe del viaje de descubrimientos de Ronald a lo largo de dos décadas y de la manera en que aplicó la metodología científica a los problemas de la mente humana. Lo escribió para que lo supieras. Por eso, este libro es de lectura obligada para todo dianeticista y scientologist.

DIANÉTICA: LA CIENCIA MODERNA DE LA SALUD MENTAL • El inesperado acontecimiento que inició un movimiento mundial. Pues aunque Ronald había anunciado previamente su descubrimiento de la mente reactiva, eso sólo había avivado el fuego de los que querían más información. Más concretamente: era humanamente imposible que un hombre llevara a Clear a todo un planeta. Ronald proporcionó el manual completo del procedimiento de Dianética, que abarcaba todos sus descubrimientos anteriores y las historias de caso de la aplicación de esos avances sensacionales, para entrenar auditores a usarlos en todas partes. Habiendo sido un best-seller durante más de medio siglo y habiéndose impreso decenas de millones de ejemplares, Dianética: La Ciencia Moderna de la Salud Mental se ha traducido a más de cincuenta idiomas y se usa en más de 100 países de la Tierra; es sin discusión el libro más leído y más influyente sobre la mente humana que se haya escrito jamás. Y por eso siempre se le conocerá como el *Libro Uno.*

CONFERENCIAS Y DEMOSTRACIONES DE DIANÉTICA • Inmediatamente después de la publicación de *Dianética,* LRH comenzó a dar conferencias en auditorios atestados de gente por todo Estados Unidos. Aunque se dirigía a miles de personas al mismo tiempo, la demanda siguió creciendo. Para satisfacer esa demanda, se grabó su presentación en Oakland, California. En estas cuatro conferencias, Ronald relató los acontecimientos que provocaron su investigación, y su viaje personal hacia sus descubrimientos pioneros. Después continuó con una demostración personal de auditación de Dianética: la única demostración de Libro Uno que hay disponible. *4 conferencias.*

🎙 **CONFERENCIAS DEL CURSO PROFESIONAL DE DIANÉTICA:** *UN CURSO ESPECIAL PARA AUDITORES DE LIBRO UNO* • Tras seis meses de viajar de costa a costa, dando conferencias a los primeros dianeticistas, Ronald reunió a los auditores en Los Ángeles para un nuevo Curso Profesional. El tema era su siguiente descubrimiento arrollador acerca de la vida: el *Triángulo ARC*, que describe la interrelación de la *Afinidad*, la *Realidad* y la *Comunicación*. A lo largo de una serie de quince conferencias, LRH anunció muchas primicias, incluyendo el *Espectro de la Lógica*, que contiene una infinidad de gradientes desde lo correcto hasta lo incorrecto; el *ARC y las Dinámicas;* las *Escalas Tonales de ARC;* el *Código del Auditor* y cómo se relaciona con el ARC; y la *Tabla de Accesibilidad*, que clasifica un caso y dice cómo procesarlo. Aquí están, entonces, tanto la declaración final sobre los Procedimientos de Auditación del Libro Uno como el descubrimiento que serviría de base para toda la investigación posterior. Durante más de cincuenta años se pensó que los datos de estas conferencias se habían perdido y que sólo estaban disponibles en notas de estudiantes publicadas en Notas sobre las Conferencias. Ahora se han descubierto las grabaciones originales, lo que ha hecho que estén ampliamente disponibles por vez primera. La vida en su estado más elevado, la *Comprensión*, está compuesta de Afinidad, Realidad y Comunicación. Y como dijo LRH: la mejor descripción del Triángulo de ARC que se puede encontrar está en estas conferencias. *15 conferencias.*

LA CIENCIA DE LA SUPERVIVENCIA: *LA PREDICCIÓN DEL COMPORTAMIENTO HUMANO* • El libro más útil que tendrás jamás. Desarrollada en torno a la *Tabla Hubbard de Evaluación Humana*, La Ciencia de la Supervivencia proporciona la primera predicción exacta del comportamiento humano. Esta tabla incluye todas las manifestaciones del potencial de supervivencia de un individuo, graduadas desde la más alta hasta la más baja, lo que hace que este sea el libro completo sobre la Escala Tonal. Conociendo sólo una o dos características de una persona y usando esta tabla, puedes trazar su posición en la Escala Tonal, y de este modo conocer las demás, y obtener así un índice exacto de *toda* su personalidad, conducta y carácter. Antes de este libro el mundo estaba convencido de que los casos no podían mejorar, sino sólo deteriorarse. La Ciencia de la Supervivencia presenta la idea de diferentes estados de caso y la idea completamente nueva de que uno puede subir por la Escala Tonal. Y ahí se encuentra la base de la actual Tabla de Grados.

🎙 **CONFERENCIAS DE LA CIENCIA DE LA SUPERVIVENCIA** • Como fundamento del desarrollo de la Escala Tonal y la Tabla de Evaluación Humana había un descubrimiento monumental: La *Teoría Theta-MEST*, contiene la explicación de la interrelación entre la Vida *(theta)* con el universo físico de Materia, Energía, Espacio y Tiempo: *MEST*. En estas conferencias, impartidas a los estudiantes inmediatamente después de la publicación del libro, Ronald dio la más amplia descripción de todo lo que hay detrás de la Tabla de Evaluación Humana y su aplicación a la vida en sí. Además, también incluye la explicación de cómo la proporción entre *theta* y *entheta (theta enturbulada)* determina la posición de alguien en la Escala Tonal y los medios para ascender a los estados más altos. *4 conferencias.*

Autoanálisis • Las barreras de la vida son en realidad simplemente sombras. Aprende a conocerte a ti mismo, no sólo una sombra de ti mismo. Contiene la más completa descripción de la consciencia, Autoanálisis te lleva a través de tu pasado, a través de tus potencialidades, de tu vida. En primer lugar, con una serie de autoexámenes y utilizando una versión especial de la Tabla Hubbard de Evaluación Humana, te sitúas en la Escala Tonal. Después, aplicando una serie de procesos ligeros, aunque poderosos, te embarcas en la gran aventura del autodescubrimiento. Este libro contiene también principios globales que alcanzan a *cualquier* caso, desde el más bajo hasta el más elevado, incluyendo técnicas de auditación tan eficaces que Ronald se refiere a ellas una y otra vez, durante todos los años siguientes de investigación en los estados más elevados. En resumen, este libro no sólo eleva a la persona en la Escala Tonal, sino que puede sacarla casi de cualquier cosa.

Procedimiento Avanzado y Axiomas • Con los nuevos y sensacionales descubrimientos sobre la naturaleza y anatomía de los engramas: "Los engramas son efectivos sólo cuando el propio individuo determina que lo serán", vino el descubrimiento del uso por un ser de un *Facsímil de Servicio:* mecanismo empleado para explicar los fracasos en la vida, pero que luego encierra a una persona en pautas de comportamiento perjudiciales y fracaso adicional. En consecuencia, llegó un nuevo tipo de procesamiento dirigido al *Pensamiento,* la *Emoción* y el *Esfuerzo,* detallado en los "Quince Actos" del Procedimiento Avanzado, y orientado a la rehabilitación del *Auto-determinismo* del preclear. De aquí que este libro también contenga una explicación global y sin excusas posibles de la *Responsabilidad Total,* la clave para desatarlo todo. Más aún, aquí está la sistematización de las *Definiciones, Lógicas* y *Axiomas,* que proporcionan tanto el compendio de todo el tema como la dirección de toda la investigación futura. *Véase el Manual para Preclears, escrito como manual de auto-procesamiento que acompaña a Procedimiento Avanzado y Axiomas.*

Pensamiento, Emoción y Esfuerzo • Con la sistematización de los Axiomas llegaron los medios para abordar puntos clave en un caso que podrían desenredar toda la aberración. *Postulados Básicos, Pensamiento Primario, Causa y Efecto,* y su efecto sobre cualquier cosa desde la *memoria* y la *responsabilidad* hasta el propio papel que juega un individuo en el hecho de conceder poder a los *engramas,* estos temas sólo se abordan en esta serie. También se incluye aquí la descripción más completa que existe del *Facsímil de Servicio,* y por qué su resolución elimina las incapacidades que el individuo se ha autoimpuesto. *21 conferencias.*

Manual para Preclears • Los "Quince Actos" de Procedimiento Avanzado y Axiomas son paralelos a los quince Actos de Auto-procesamiento que se dan en el Manual para Preclears. Además, este libro contiene varios ensayos que dan la descripción más extensa del *Estado Ideal del Hombre*. Descubre por qué las pautas de comportamiento se vuelven tan sólidamente fijas; por qué parece que los hábitos no se pueden romper; cómo las decisiones de hace mucho tiempo tienen más poder sobre una persona que sus decisiones recientes; y por qué una persona mantiene en el presente experiencias negativas del pasado. Todo se explica claramente en la Tabla de Actitudes, un avance histórico sensacional que complementa la Tabla de Evaluación Humana, marcando el estado ideal de ser y las *actitudes* y *reacciones* de uno respecto a la vida. *El Manual para Preclears se usa en auto-procesamiento junto con Autoanálisis.*

La Continuidad de Vida • Acosado por peticiones de conferencias acerca de sus últimos avances, Ronald respondió con todo lo que querían y más en la Segunda Conferencia Anual de Auditores de Dianética, que describe la tecnología que hay detrás de los pasos de auto-procesamiento del *Manual*, aquí está el *cómo* y el *porqué* de todo: el descubrimiento del *Continuum de Vida*, el mecanismo por el cual un individuo se ve compelido a continuar la vida de otro individuo que ha muerto o se ha marchado, generando en su propio cuerpo los padecimientos y hábitos del que partió. Combinadas con la instrucción del auditor sobre cómo usar la Tabla de Actitudes para determinar cómo iniciar cada caso en el gradiente correcto, aquí también, se dan instrucciones para la diseminación del Manual y por lo tanto, los medios para empezar el clearing a gran escala. *10 conferencias.*

Scientology: El Primer Hito • Ronald empezó la primera conferencia de esta serie con seis palabras que podrían cambiar el mundo para siempre: "Este es un curso sobre *Scientology*". A partir de aquí, Ronald no sólo describió el enorme alcance del que hasta entonces era un tema completamente nuevo sino que también detalló sus descubrimientos sobre vidas pasadas. De ahí pasó a la descripción del primer E-Metro, y de su uso inicial para poner al descubierto la *línea theta* (la línea temporal completa de la existencia del thetán), como algo completamente distinto de la *línea genética del cuerpo* (línea temporal completa de los cuerpos y su evolución física), haciendo pedazos la mentira de la "vida única" y revelando la *línea temporal completa* de la existencia espiritual. Aquí está entonces el verdadero génesis de Scientology. *22 conferencias.*

La Ruta al Infinito: Conferencias de la Técnica 80 • Como Ronald explicó: "La Técnica 80 es la Técnica del *Ser o No Ser*". Con eso, dio a conocer la base crucial sobre la cual se apoyan la habilidad y la cordura: *la capacidad del ser para tomar una decisión*. Aquí están entonces: la anatomía del "quizás", las *Longitudes de Onda del ARC*, la *Escala Tonal de las Decisiones*, y los medios para rehabilitar la capacidad de un ser para *Ser...* casi *cualquier cosa. 7 conferencias. (Para la Técnica 88, se requiere tener conocimiento sobre la Técnica 80, como se describe en Scientology: Una Historia del Hombre; que viene a continuación).*

SCIENTOLOGY: UNA HISTORIA DEL HOMBRE • "Esta es una descripción verdadera y a sangre fría de tus últimos 76 billones de años". Así empieza Una Historia del Hombre, anunciando la revolucionaria *Técnica 88,* que revela por vez primera la verdad acerca de la experiencia de la línea temporal completa y el enfoque exclusivo de la auditación en el thetán. Aquí está la historia desentrañada con el primer E-Metro, que define y describe los principales incidentes en la línea temporal completa que se pueden encontrar en cualquier ser humano: los *implantes electrónicos,* las *entidades,* la *línea temporal genética,* los *incidentes de entre-vidas, cómo evolucionaron los cuerpos* y *por qué te quedaste atrapado en ellos;* todos ellos se detallan aquí.

🎤 **TÉCNICA 88: INCIDENTES EN LA LÍNEA TEMPORAL ANTES DE LA TIERRA** • "La Técnica 88 es la técnica más hiperbólica, efervescente, espectacular, inexagerable, ambiciosa, superlativa, grandiosa, colosal y espléndida que la mente del Hombre pudiera imaginablemente abarcar. Es tan grande como la línea temporal completa y todos los incidentes en ella. Es aquello a lo que la aplicas; es lo que ha estado ocurriendo. Contiene los enigmas y secretos, los misterios de todos los tiempos. Podrías resaltar el nombre de esta técnica como hacen con las atracciones de las ferias, pero nada que pudieras decir, ningún adjetivo que pudieras usar, describiría adecuadamente ni siquiera una pequeña fracción de ella. No sólo aporrea la imaginación; te hace avergonzarte de imaginar cualquier cosa", es la introducción que Ronald hace de esta serie de conferencias que nunca antes había estado disponible, y que desarrolla todos los demás temas que aparecen en Una Historia del Hombre. Lo que te espera es la propia línea temporal completa. *15 conferencias.*

SCIENTOLOGY 8-80 • La *primera* explicación de la electrónica del pensamiento humano y del fenómeno de la energía en cualquier ser. Descubre cómo incluso las leyes del movimiento del universo físico tienen su reflejo en un ser, por no mencionar la electrónica de la aberración. Aquí está la unión entre theta y MEST revelando qué *es* la energía, y cómo la *creas.* Fue este avance sensacional lo que puso de manifiesto el tema de los *flujos* del thetán, lo que a su vez se aplica en *cada* proceso de auditación hoy en día. En el título del libro: "8-8" significa *Infinito-Infinito,* y "0" representa al estático, *theta.* Se incluyen las *Longitudes de Onda de la Emoción,* la *Estética,* la *Belleza* y la *Fealdad,* el *Flujo de Entrada* y el *de Salida* y la *Escala Tonal por Debajo de Cero,* que es aplicable sólo al thetán.

🎤 **LA FUENTE DE LA ENERGÍA DE LA VIDA** • Comenzando con el anuncio de su nuevo libro, Scientology 8-80, Ronald no sólo dio a conocer sus grandes avances sensacionales sobre theta como Fuente de la Energía de la Vida, sino que detalló los *Métodos de Investigación* que utilizó para hacer ese y todos los demás descubrimientos de Dianética y Scientology: las *Qs* y las *Lógicas;* métodos de *pensar* aplicables a cualquier universo o proceso de pensamiento. De modo que aquí se encuentran ambos: *cómo pensar* y *cómo evaluar todos los datos y el conocimiento,* y por lo tanto, el eje para la comprensión total tanto de Scientology como de la vida en sí. *14 conferencias.*

🎙 **EL MANDO DE THETA** • Mientras estaba preparando su nuevo libro y el Curso de Doctorado que estaba a punto de dar, Ronald reunió a los auditores para un nuevo Curso Profesional. Como dijo: "Por primera vez con esta clase, estamos dando pasos que van más allá de la palabra *Supervivencia*". Desde ese punto de vista, el Mando de Theta da la tecnología que tiende un puente al conocimiento desde 8-80 hasta 8-8008, y proporciona la primera explicación completa sobre el tema de la *Causa* y un cambio permanente de orientación en la vida de *MEST* a *Theta*. *10 conferencias.*

SCIENTOLOGY 8-8008 • La descripción completa del comportamiento y potenciales de un *thetán,* y el libro de texto para las conferencias del Curso de Doctorado de Filadelfia y Los Factores: Admiración y el Renacimiento del Beingness. Como dijo Ronald, el título del libro sirve para fijar en la mente del individuo una ruta por la cual se puede rehabilitar a sí mismo, sus capacidades, su ética y sus metas: el logro del *infinito* (8) mediante la reducción del *infinito* aparente (8) del universo MEST a *cero* (0) y el incremento del *cero* aparente (0) del universo propio hasta el *infinito* (8). Aquí se encuentran condensadas más de 80,000 horas de investigación, con un resumen y una ampliación de cada descubrimiento realizado hasta esa fecha y la trascendencia total que tienen esos avances sensacionales desde el nuevo punto de vista del *Thetán Operante.*

🎙 **CONFERENCIAS DEL CURSO DE DOCTORADO DE FILADELFIA** • Esta renombrada serie se yergue como el conjunto más grande de trabajo sobre la anatomía, el comportamiento y las potencialidades del espíritu del Hombre que jamás se haya reunido, proporcionando los fundamentos en que se basa la ruta hacia Thetán Operante. Aquí se encuentran con todo detalle la relación del thetán con la *creación,* el *mantenimiento* y la *destrucción de universos.* Tan sólo en lo que a eso se refiere, aquí está la *anatomía* de la materia, la energía, el espacio y el tiempo, y de cómo *postular* universos haciendo que existan. Aquí está también la caída del thetán desde las capacidades de la línea temporal completa, y las *leyes universales* por las cuales se restauran. En resumen, aquí está la sistematización de Ronald de los niveles más altos del beingness y el comportamiento de theta. En una conferencia tras otra desarrolla completamente cada concepto del libro de texto del curso: Scientology 8-8008, proporcionando el alcance total que *tú* tienes en el estado nativo. *76 conferencias y se adjuntan las reproducciones de los 54 diagramas originales de las conferencias hechos a mano por LRH.*

🎙 **LOS FACTORES: ADMIRACIÓN Y EL RENACIMIENTO DEL BEINGNESS** • Tras establecer completamente las *potencialidades* de un thetán, vino una mirada hacia afuera que tuvo como resultado el monumental descubrimiento de Ronald de un *solvente universal* y las leyes básicas del *universo* theta, leyes que, siendo bastante literales, son superiores a cualquier cosa: *Los Factores: Resumen de las Consideraciones del Espíritu Humano y el Universo Material.* Tan espectaculares fueron estos avances, que Ronald expandió el libro Scientology 8-8008, clarificando descubrimientos previos y añadiendo capítulo tras capítulo que, estudiado con estas conferencias, proporciona un nivel de postgraduado al Curso de Doctorado. Aquí están, pues, las conferencias que contienen el conocimiento de la *verdad universal,* desentrañando el enigma de la creación en sí. *18 conferencias.*

La Creación de la Habilidad Humana: *Un Manual para Scientologists* • Inmediatamente después del descubrimiento del Thetán Operante vino un año de investigación intensiva, para explorar el ámbito de un *thetán exterior*. A base de auditación e instrucción, además de 450 conferencias en este mismo lapso de doce meses, Ronald sistematizó todo el tema de Scientology. Y todo está incluido en este manual, desde un *Resumen de Scientology* hasta los fundamentales *Axiomas* y *Códigos*. Además, aquí está el *Procedimiento Intensivo* que contiene los afamados Procesos de Exteriorización de la *Ruta 1* y la *Ruta 2*, procesos diseñados directamente a partir de los Axiomas. Cada uno está descrito en detalle: *cómo* se utiliza el proceso, *por qué* funciona, la tecnología axiomática que subyace a su uso, y la explicación completa de cómo un ser puede romper los *acuerdos falsos* y las *barreras autocreadas* que lo esclavizan al universo físico. En resumen, este libro contiene el sumario definitivo de la habilidad OT de un thetán exterior y su consecución de forma permanente.

Las Conferencias de Phoenix: La Liberación del Espíritu Humano • Aquí se encuentra la visión panorámica completa de Scientology. Habiendo sistematizado el tema de Scientology en La Creación de la Habilidad Humana, Ronald impartió entonces una serie de conferencias de media hora para acompañar específicamente a un estudio completo del libro. Desde los puntos *esenciales* que subyacen a la tecnología: *los Axiomas, las Condiciones de la Existencia* y *las Consideraciones y los Factores Mecánicos,* hasta los procesos del *Procedimiento Intensivo,* incluyendo doce conferencias que describen uno a uno los procesos del thetán exterior de la *Ruta 1,* todo está tratado por completo, suministrando una comprensión conceptual de la *ciencia del conocimiento* y la *habilidad OT del estado nativo.* Por tanto, aquí están los principios que forman los fundamentos sólidos sobre los que descansa todo lo demás en Scientology, incluyendo la integradora exposición de la religión y su patrimonio: *Scientology, Sus Antecedentes Generales.* Por tanto, esta es la serie de conferencias decisivas sobre la propia Scientology, y los fundamentos axiomáticos para toda búsqueda futura. *42 conferencias.*

¡Dianética 55!: *El Manual Completo de la Comunicación Humana* • Junto con todos los sensacionales descubrimientos logrados hasta la fecha, se había aislado un factor único que era igual de crucial para el éxito en todo tipo de auditación. Como dijo LRH: "La comunicación es tan absolutamente importante hoy en día en Dianética y Scientology, (como lo ha sido siempre en la línea temporal completa), que se podría decir que si pusieras a un preclear en comunicación, lo pondrías bien". Y este libro traza la anatomía y fórmulas *exactas,* pero anteriormente desconocidas, de la comunicación *perfecta.* La magia del ciclo de comunicación es *el* fundamento de la auditación y la razón primordial de que la auditación funcione. Los sensacionales avances que hay aquí abrieron nuevas perspectivas a la aplicación; descubrimientos de tal magnitud que LRH llamó a ¡Dianética 55! el *Libro Segundo* de Dianética.

El Congreso de Unificación: ¡Comunicación! Libertad y Capacidad • El histórico Congreso que anunció la reunificación de los temas de Dianética y Scientology con la presentación de *¡Dianética 55!* Hasta ahora, cada una había actuado en su propia esfera: Dianética se dirigía al Hombre *como Hombre,* las primeras cuatro dinámicas, mientras que Scientology se dirigía a *la vida en sí,* las Dinámicas de la Cinco a la Ocho. La fórmula que serviría como fundamento para todo el desarrollo futuro estaba contenida en una simple palabra: *Comunicación.* Fue un avance capital, al que Ronald llamaría más adelante, "el gran avance sensacional de Dianética y Scientology". Aquí están las conferencias de cuando ocurrió. *16 conferencias y las reproducciones adjuntas de los diagramas originales de las conferencias hechos a mano por LRH.*

SCIENTOLOGY: LOS FUNDAMENTOS DEL PENSAMIENTO–*EL LIBRO BÁSICO DE LA TEORÍA Y LA PRÁCTICA DE SCIENTOLOGY PARA PRINCIPIANTES* • Designado por Ronald como el *Libro Uno de Scientology.* Tras haber unificado y sistematizado completamente los temas de Dianética y Scientology, llegó el perfeccionamiento de sus *fundamentos.* Publicado originalmente como un resumen de Scientology para su uso en traducciones a lenguas distintas al inglés, este libro es de valor incalculable tanto para el estudiante novicio de la mente, el espíritu y la vida, como para el avanzado. Equipado únicamente con este libro, uno puede comenzar una consulta y producir aparentes milagros y cambios en los estados de bienestar, capacidad e inteligencia de la gente. Contiene las *Condiciones de la Existencia,* las *Ocho Dinámicas,* el *Triángulo de ARC, Las Partes del Hombre,* el análisis completo de la *Vida como un Juego,* y más, incluyendo procesos exactos para la aplicación de estos principios en el procesamiento. De modo que aquí, en un libro, está el punto de partida para llevar Scientology a la gente en todas partes.

LAS CONFERENCIAS DEL CURSO PROFESIONAL HUBBARD • Si bien Los Fundamentos del Pensamiento es una introducción al tema para principiantes, también contiene una síntesis de los fundamentos para cada scientologist. Aquí están las descripciones profundas de esos fundamentos, cada conferencia es de media hora de duración y proporciona, uno por uno, un dominio completo de cada avance sensacional de Scientology: *Los Axiomas del 1 al 10; La Anatomía del Control;* el *Manejo de Problemas; Comenzar, Cambiar y Parar;* la *Confusión* y el *Dato Estable; Exteriorización; Valencias* y más: el *porqué* detrás de ellos, *cómo* es que ocurrieron y sus factores mecánicos. Y todo está unido por el *Código del Scientologist,* punto por punto, y su uso para crear realmente una nueva civilización. En pocas palabras, aquí están las conferencias de LRH que producen un *Scientologist Profesional,* alguien que puede aplicar el tema a todos los aspectos de la vida. *21 conferencias.*

LIBROS ADICIONALES QUE CONTIENEN LOS ELEMENTOS ESENCIALES DE SCIENTOLOGY

TRABAJO

LOS PROBLEMAS DEL TRABAJO: *SCIENTOLOGY APLICADA AL MUNDO DEL TRABAJO COTIDIANO* • *(Este libro).* Habiendo sistematizado todo el tema de Scientology, Ronald comenzó de inmediato a proporcionar el manual del *principiante* para que cualquiera lo aplicara. Como él lo describió: la vida está compuesta de siete décimas partes de trabajo, una décima parte de familia, una décima parte de política y una décima parte de ocio. Aquí está la aplicación de Scientology a esas siete décimas partes de la existencia incluyendo las respuestas al *Agotamiento* y el *Secreto de la Eficiencia.* Aquí está también el análisis de la vida en sí: un juego compuesto de reglas exactas. Si las conoces prosperas. Los Problemas del Trabajo contiene la tecnología sin la que nadie puede vivir, y que la pueden aplicar inmediatamente tanto scientologists, como los neófitos en el tema.

LOS FUNDAMENTOS DE LA VIDA

SCIENTOLOGY: UN NUEVO PUNTO DE VISTA SOBRE LA VIDA • Los elementos esenciales de Scientology para cada aspecto de la vida. Las respuestas básicas que te ponen en control de tu existencia, verdades para consultar una y otra vez: *¿Es Posible Ser Feliz?, Dos Reglas para una Vida Feliz, Integridad Personal, La Personalidad Anti-Social* y muchas más. En cada parte de este libro encontrarás verdades de Scientology que describen las condiciones de tu vida y proporcionan modos *exactos* para cambiarlas. Scientology: Un Nuevo Punto de Vista sobre la Vida contiene un conocimiento que es fundamental para cada scientologist y una introducción perfecta para cualquier neófito en el tema.

AXIOMAS, CÓDIGOS Y ESCALAS

SCIENTOLOGY 0-8: EL LIBRO DE LOS FUNDAMENTOS • El compañero de *todos* los libros, conferencias y materiales de Ronald. Este es *el* Libro de los Fundamentos, que incluye datos indispensables que consultarás constantemente: los *Axiomas de Dianética y Scientology; Los Factores;* una recopilación completa de todas las *Escalas,* más de 100 en total; listas de los *Percépticos* y *Niveles de Consciencia;* todos los *Códigos* y *Credos* y mucho más. En este único libro se condensan las leyes superiores de la existencia, extraídas de más de 15,000 páginas de escritos, 3,000 conferencias y docenas de libros.

LA ÉTICA DE SCIENTOLOGY: LA TECNOLOGÍA DE LA SUPERVIVENCIA ÓPTIMA

INTRODUCCIÓN A LA ÉTICA DE SCIENTOLOGY • Una nueva esperanza para el Hombre llega con la primera tecnología funcional de la ética, una tecnología para ayudar a un individuo a levantarse de su caída por la vida y llegar a una meseta superior de supervivencia. Este es el manual global que proporciona los fundamentos cruciales: *Los Fundamentos de la Ética y la Justicia;* la *Honestidad;* las *Condiciones de la Existencia,* las *Fórmulas de las Condiciones* desde Confusión hasta Poder, los *Fundamentos de la Supresión* y su manejo; así como los *Procedimientos de Justicia* y su uso en las iglesias de Scientology. Aquí está la tecnología para superar cualesquiera barreras en la vida y en el viaje personal de subir por el Puente a la Libertad Total.

PURIFICACIÓN

CUERPO LIMPIO, MENTE CLARA: *EL PROGRAMA DE PURIFICACIÓN EFICAZ* • Vivimos en un mundo bioquímico, y este libro es la solución. Mientras investigaba los efectos dañinos que el consumo anterior de drogas tenía en los casos de los preclears, Ronald hizo el importante descubrimiento de que muchas drogas de la calle, en particular el LSD, permanecían en el cuerpo de una persona mucho tiempo después de haberse tomado. Observó que los residuos de las drogas podían tener efectos graves y duraderos, incluyendo el desencadenar "viajes" adicionales. La investigación adicional reveló que una gran gama de sustancias (drogas médicas, alcohol, contaminantes, productos químicos domésticos e incluso los conservantes de la comida) se podían alojar también en los tejidos del cuerpo. Por medio de la investigación de miles de casos, desarrolló el *Programa de Purificación,* para eliminar sus destructivos efectos. Cuerpo Limpio, Mente Clara detalla cada aspecto del régimen, totalmente natural, que puede liberarle a uno de los efectos dañinos de las drogas y otras toxinas, abriendo el camino al progreso espiritual.

Manuales de Consulta

¿Qué Es Scientology?

La obra de consulta enciclopédica esencial y completa sobre el tema y la práctica de Scientology. Este libro se diseñó para ser usado y contiene los datos pertinentes sobre cada aspecto del tema:

•La vida de L. Ronald Hubbard y su senda de descubrimientos

•El Patrimonio Espiritual de la religión

•Una descripción completa de Dianética y Scientology

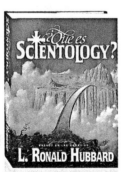

•La auditación: qué es y cómo funciona

•Los cursos: qué contienen y cómo están estructurados

•La Tabla de Grados de Servicios y cómo uno asciende a estados superiores

•El Sistema de Ética y de Justicia de Scientology

•La Estructura Organizativa de la Iglesia

•Una descripción completa de los muchos programas de Mejoramiento Social que la Iglesia apoya, incluyendo: Rehabilitación de Drogadictos, Reforma de Criminales, Alfabetización y Educación y la tarea de inculcar verdaderos valores de moralidad

Más de 1,000 páginas con más de 500 fotografías e ilustraciones, este texto además incluye los Credos, los Códigos, una lista completa de todos los libros y materiales así como un Catecismo con respuestas a prácticamente cualquier pregunta relacionada con el tema.

Tú Preguntas y Este Libro Responde.

El Manual de Scientology

Los fundamentos de Scientology para uso cotidiano en cada aspecto de la vida que representan 19 cuerpos de doctrina tecnológica independientes. Es el manual más exhaustivo sobre los fundamentos de la vida jamás publicado. Cada capítulo contiene principios y tecnologías clave que puedes usar continuamente:

•La Tecnología de Estudio

•Las Dinámicas de la Existencia

•Los Componentes de la Comprensión: Afinidad, Realidad y Comunicación

•La Escala Tonal

•La Comunicación y sus Fórmulas

•Ayudas para Enfermedades y Lesiones

•Cómo Resolver los Conflictos

•La Integridad y la Honestidad

•La Ética y las Fórmulas de las Condiciones

•Soluciones para la Supresión y para un Entorno Peligroso

•El Matrimonio

•Los Niños

•Herramientas para el Trabajo

Más de 700 fotografías e ilustraciones te permiten aprender fácilmente los procedimientos y aplicarlos de inmediato. Este libro es realmente el manual indispensable para todo scientologist.

La Tecnología para Construir un Mundo Mejor.

ACERCA DE
L. RONALD HUBBARD

"**P**ara realmente conocer la vida", escribió L. Ronald Hubbard, "tienes que ser parte de la vida. Tienes que bajar y mirar, tienes que meterte en los rincones y grietas de la existencia. Tienes que mezclarte con toda clase y tipo de hombres antes de que puedas establecer finalmente lo que es el hombre".

A través de su largo y extraordinario viaje hasta la fundación de Dianética y Scientology, Ronald hizo precisamente eso. Desde su aventurera juventud en un turbulento Oeste Americano hasta su lejana travesía en la aún misteriosa Asia; desde sus dos décadas de búsqueda de la esencia misma de la vida hasta el triunfo de Dianética y Scientology, esas son las historias que se narran en las Publicaciones Biográficas de L. Ronald Hubbard.

L. Ronald Hubbard: Imágenes de una Vida presenta la perspectiva fotográfica general sobre el gran viaje de Ronald. Tomada de la colección de sus propios archivos, esta es la vida de Ronald como él mismo la vio.

En lo que se refiere a los muchos aspectos de esa rica y variada vida, están las Series de Ronald. Cada publicación se centra en una profesión específica de LRH: *Auditor, Filántropo, Filósofo, Artista, Poeta, Compositor, Fotógrafo* y muchas más, incluyendo sus artículos publicados en *Freedom* y sus *Letters & Journals* personales. Aquí está la vida de un hombre que vivió por lo menos veinte vidas en el espacio de una.

PARA MÁS INFORMACIÓN, VISITA:
www.lronhubbard.org

Guía de los Materiales

¡Estás en una Aventura! Aquí está el Mapa.

- Todos los libros
- Todas las conferencias
- Todos los libros de consulta

Todo ello puesto en secuencia cronológica con descripciones de lo que cada uno contiene.

Tu viaje a una comprensión completa de Dianética y Scientology es la aventura más grande de todas. Pero necesitas un mapa que te muestre dónde estás y adónde vas.

Ese mapa es la Guía de los Materiales. Muestra todos los libros y conferencias de Ronald con una descripción completa de su contenido y temas, de tal manera que puedas encontrar exactamente lo que *tú* estás buscando y lo que *tú* necesitas exactamente.

Como cada libro y conferencia aparece en secuencia cronológica, puedes ver *cómo* se desarrollaron los temas de Dianética y Scientology. ¡Y lo que eso significa es que simplemente estudiando esta guía te esperan una cognición tras otra!

Las nuevas ediciones de cada libro incluyen extensos glosarios con definiciones de todos los términos técnicos. Como resultado de un programa monumental de traducciones, cientos de conferencias de Ronald se están poniendo a tu alcance en disco compacto con transcripciones, glosarios, diagramas de conferencias, gráficas y publicaciones a los que se refiere en las conferencias. Como resultado, obtienes *todos* los datos y puedes aprenderlos con facilidad, consiguiendo una comprensión *conceptual* completa.

Y lo que eso supone es una nueva Edad de Oro del Conocimiento que todo dianeticista y scientologist ha soñado.

Para conseguir tu Guía de los Materiales y Catálogo GRATIS, o para pedir los libros y conferencias de L. Ronald Hubbard, ponte en contacto con:

HEMISFERIO OCCIDENTAL:

Bridge Publications, Inc.
4751 Fountain Avenue
Los Angeles, CA 90029 USA
www.bridgepub.com
Teléfono: 1-800-722-1733
Fax: 1-323-953-3328

HEMISFERIO ORIENTAL:

New Era Publications International ApS
Store Kongensgade 53
1264 Copenhagen K, Denmark
www.newerapublications.com
Teléfono: (45) 33 73 66 66
Fax: (45) 33 73 66 33

Libros y conferencias también disponibles en las Iglesias de Scientology.
*Véase **Direcciones**.*

143

DIRECCIONES

Scientology es la religión de más rápido crecimiento en el mundo hoy en día. Existen Iglesias y Misiones en ciudades de todo el mundo y se están formando nuevas continuamente.

Para obtener más información o localizar la Iglesia más cercana a ti, visita la página web de Scientology:

www.scientology.org

e-mail: info@scientology.org

También puedes escribir a cualquiera de las Organizaciones Continentales, que aparecen en la siguiente página, que te dirigirán a una de las miles de Iglesias y Misiones que hay por todo el mundo.

Puedes conseguir los libros y conferencias de L. Ronald Hubbard desde cualquiera de estas direcciones o directamente desde las editoriales que aparecen en la página anterior.

ORGANIZACIONES CONTINENTALES DE LA IGLESIA:

LATINOAMÉRICA
IGLESIA DE SCIENTOLOGY
OFICINA DE ENLACE CONTINENTAL
DE LATINOAMÉRICA
Federación Mexicana de Dianética
Calle Puebla #31
Colonia Roma, México, D.F.
C.P. 06700, México
info@scientology.org.mx

ESTADOS UNIDOS
CHURCH OF SCIENTOLOGY
CONTINENTAL LIAISON OFFICE
WESTERN UNITED STATES
1308 L. Ron Hubbard Way
Los Angeles, California 90027 USA
info@wus.scientology.org

CHURCH OF SCIENTOLOGY
CONTINENTAL LIAISON OFFICE
EASTERN UNITED STATES
349 W. 48th Street
New York, New York 10036 USA
info@eus.scientology.org

CANADÁ
CHURCH OF SCIENTOLOGY
CONTINENTAL LIAISON OFFICE
CANADA
696 Yonge Street, 2nd Floor
Toronto, Ontario
Canada M4Y 2A7
info@scientology.ca

REINO UNIDO
CHURCH OF SCIENTOLOGY
CONTINENTAL LIAISON OFFICE
UNITED KINGDOM
Saint Hill Manor
East Grinstead, West Sussex
England, RH19 4JY
info@scientology.org.uk

ÁFRICA
CHURCH OF SCIENTOLOGY
CONTINENTAL LIAISON OFFICE AFRICA
5 Cynthia Street
Kensington
Johannesburg 2094, South Africa
info@scientology.org.za

EUROPA
CHURCH OF SCIENTOLOGY
CONTINENTAL LIAISON OFFICE EUROPE
Store Kongensgade 55
1264 Copenhagen K, Denmark
info@scientology.org.dk

**Church of Scientology
Liaison Office of Commonwealth
of Independent States**
Management Center of Dianetics
and Scientology Dissemination
Pervomajskaya Street, House 1A
Korpus Grazhdanskoy Oboroni
Losino-Petrovsky Town
141150, Moscow, Russia
info@scientology.ru

**Church of Scientology
Liaison Office of Central Europe**
1082 Leonardo da Vinci u. 8-14
Budapest, Hungary
info@scientology.hu

**Iglesia de Scientology
Oficina de Enlace de Iberia**
C/ Miguel Menéndez Boneta, 18
28460; Los Molinos
Madrid, España
info@spain.scientology.org

**Church of Scientology
Liaison Office of Italy**
Via Cadorna, 61
20090 Vimodrone
Milano, Italy
info@scientology.it

AUSTRALIA, NUEVA ZELANDA Y OCEANÍA
CHURCH OF SCIENTOLOGY
CONTINENTAL LIAISON OFFICE ANZO
20 Dorahy Street
Dundas, New South Wales 2117
Australia
info@scientology.org.au

**Church of Scientology
Liaison Office of Taiwan**
1st, No. 231, Cisian 2nd Road
Kaoshiung City
Taiwan, ROC
info@scientology.org.tw

AFÍLIATE
A LA ASOCIACIÓN
INTERNACIONAL DE SCIENTOLOGISTS

La Asociación Internacional de Scientologists es la organización de afiliación de todos los scientologists unidos en la cruzada de más importancia sobre la Tierra.

Se otorga una Afiliación Introductoria Gratuita de Seis Meses a cualquiera que no haya tenido ninguna afiliación anterior de la Asociación.

Como miembro tienes derecho a descuentos en los materiales de Scientology que se ofrecen sólo a Miembros de la IAS. Además recibirás la revista de la Asociación llamada *IMPACT*, que se emite seis veces al año, llena de noticias de Scientology alrededor del mundo.

El propósito de la IAS es:

"Unir, hacer avanzar, apoyar y proteger a Scientology y a los scientologists de todas las partes del mundo para lograr las Metas de Scientology tal y como las originó L. Ronald Hubbard".

Únete a la mayor fuerza que se dirige a un cambio positivo en el planeta hoy día y contribuye a que las vidas de millones de personas tengan acceso a la gran verdad contenida en Scientology.

ÚNETE A LA ASOCIACIÓN
INTERNACIONAL DE SCIENTOLOGISTS.

Para solicitar la afiliación,
escribe a la Asociación
Internacional de Scientologists
c/o Saint Hill Manor, East Grinstead
West Sussex, England, RH19 4JY

www.iasmembership.org

GLOSARIO EDITORIAL
de Palabras, Términos y Frases

Las palabras a menudo tienen varios significados. Las definiciones que se usan aquí sólo dan el significado que tiene la palabra como se usa en este libro. Los términos de Dianética y Scientology aparecen en negrita. Al lado de cada definición encontrarás la página en que la palabra aparece por primera vez para que puedas remitirte al texto si lo deseas.

Este glosario no pretende sustituir a los diccionarios normales del idioma ni a los diccionarios de Dianética y Scientology, los cuales se deberían consultar para buscar cualesquiera palabras, términos o frases que no aparezcan en el glosario.

—Los Editores

aberración: algo que se aparta del pensamiento o comportamiento racional; que no es cuerdo. Del latín, *aberrare,* desviarse; *ab,* lejos, *errare,* andar errante. Básicamente significa errar, cometer equivocaciones, o en forma más específica, tener ideas fijas que no son verdaderas. Toda la causa de la aberración está contenida en el descubrimiento de la *mente reactiva* que previamente era desconocida. La totalidad de su anatomía, y la erradicación de sus efectos dañinos (que causan aberración), se tratan en el libro *Dianética: La Ciencia Moderna de la Salud Mental.* Pág. 70.

aberrado: afectado por la *aberración.* Una conducta aberrada sería una conducta equivocada, o una conducta que no se apoya en la razón. La aberración es una desviación del pensamiento o comportamiento racional; irracional. *Véase también* **aberración**. Pág. 70.

absorto: que tiene la atención concentrada en un pensamiento o en una acción. Pág. 109.

abuso: uso de algo de manera incorrecta o inapropiada. Pág. 104.

149

acto hostil: acto dañino cometido contra otro u otros (como leyes, impuestos injustos, etc., que afectan a las empresas). Pág. 115.

acumular: juntar o apilar, a menudo en grados sucesivos. Pág. 73.

agitador: 1. persona que intenta incitar a la gente para que apoye una causa social o política. A menudo se usa en un sentido desfavorable. Pág. 76.
2. persona que fomenta el odio, la violencia u otro sentimiento fuerte en un grupo o en una multitud usando emociones, especialmente por razones políticas. Pág. 20.

agitar: incitar sentimientos, intereses y apoyo a través de discursos y escritos en relación con algo, por ejemplo, una causa. Pág. 45.

a la altura: que alcanza o actúa en un nivel, condición o grado normal. Pág. 71.

alcance: la extensión que abarca un tema o asunto. Pág. 61.

alféizar: parte inferior y generalmente saliente del muro que rodea una ventana. Pág. 78.

alojar: fijarse, arraigarse o quedarse en un lugar o posición. Pág. 74.

amenaza: circunstancia que advierte peligro, daño, lesión, etc. Pág. 8.

anatomía: estructura o disposición de las partes de algo. Pág. 21.

anestesia: pérdida total o parcial de sensación, especialmente sensibilidad táctil, inducida por un anestésico, un agente que provoca la falta de sensación con o sin pérdida de la consciencia. Pág. 113.

angloamericano: que se relaciona con Inglaterra y Estados Unidos. Pág. 104.

antaño: en el pasado, a menudo un periodo en el que se tenía un conjunto de valores o un estilo de vida que ya no existe. Pág. 7.

anticuado: que ya no se usa; obsoleto, pasado de moda, fuera de época, etc. Pág. 56.

Antiguos, los: personas, naciones o culturas civilizadas de tiempos antiguos. Pág. 48.

antipatía: sentimiento de desagrado hacia algo usualmente acompañado por un deseo intenso de evitarlo o esquivarlo. Pág. 96.

anular: privar de valor o de efectividad. Pág. 28.

añorar: tener un anhelo o deseo intenso de algo. Pág. 34.

apatía: completa falta de emoción o interés en las cosas en general; una inhabilidad para responder emocionalmente. Un individuo en apatía no tiene energía. Pág. 20.

aplastar: causar una ruina financiera. Pág. 36.

apreciar: referido a las cosas y sus cualidades, captarlas por los sentidos o por la inteligencia. Pág. 60.

apretar los dientes: reunir toda la fuerza que se tiene para encarar algo desagradable o superar una dificultad. Pág. 21.

aptitud: habilidad natural para algo, como para aprender; capacidad; inteligencia. Pág. 5.

arduo: 1. difícil de hacer; que exige gran esfuerzo o trabajo. Pág. 35. 2. que se caracteriza por una gran exigencia; difícil de soportar; severo. Pág. 62.

arenga: discurso en tono solemne y elevado que se pronuncia para levantar el ánimo de los que lo escuchan. Pág. 33.

ascender: aumentar la fortuna o el nivel, especialmente en el trabajo o la posición, lo que va acompañado de un aumento salarial; avanzar hacia una condición floreciente y próspera. Pág. 5.

Asia: el continente más grande, situado en el Hemisferio Oriental, limita con los océanos Ártico, Pacífico e Índico y los Montes

Urales lo separan de Europa. Incluye, además de las naciones en su gran masa de tierra, a Japón, Filipinas, Taiwán, Malasia e Indonesia. Pág. 14.

aspirante: persona que busca o espera obtener algo, como alguien que desea con ansia una carrera, progresar, etc. Pág. 22.

automatización: técnica, método o sistema para hacer funcionar o para controlar equipo y máquinas por medios altamente automáticos; por ejemplo mediante aparatos electrónicos, reduciendo al mínimo la intervención humana. Pág. 35.

autoridad: aquel que da las órdenes, el mando. Pág. 35.

axioma: declaración de leyes naturales semejantes a las de las ciencias físicas. Pág. v.

bajo el sol: en el mundo, en la Tierra. Pág. 14.

beingness: la condición de ser se define como el resultado de haber asumido una identidad. Ejemplos de *beingness* serían el nombre de una persona, su profesión, sus características físicas. Todas y cada una de estas cosas podrían llamarse el *beingness* de alguien. El *beingness* lo asume uno, se lo dan o lo alcanza. El sufijo *-ness* se usa en inglés para formar sustantivos que expresan un estado, calidad o condición. Pág. 91.

brújula: literalmente, aparato que sirve para orientarse, normalmente tiene una aguja magnetizada que automáticamente señala hacia el norte. De aquí que, en sentido figurado, se refiera a algo que ayuda a encontrar el curso de acción correcto. Pág. 11.

cadena de mando: serie de posiciones ejecutivas o de oficiales y subordinados en orden de autoridad, especialmente en lo que se refiere a la transmisión de órdenes, responsabilidades, informes o peticiones, que va de un nivel superior a un nivel inferior o de un nivel inferior a un nivel superior. Pág. 59.

calumnia: declaración falsa y perjudicial para dañar la reputación de alguien. Pág. 8.

camino de oropel: el oropel, lámina de latón que imita el oro, que se usa para producir un efecto de brillo o resplandor. En sentido figurado se usa para referirse a algo engañosamente brillante que parece valioso. Por tanto, un *camino de oropel* sería un curso de acción o conducta atractivo pero con poco valor real. Pág. 20.

canal de mando: representación gráfica de los puestos o posiciones en una organización, en la parte superior de la tabla se encuentra la posición más alta en autoridad y responsabilidad, y la posición más baja se encuentra en la parte inferior. Pág. 55.

capataz: persona encargada de un grupo de trabajadores, por ejemplo, en una construcción o en una fábrica. Pág. 5.

capital: cualquier forma de riqueza que se usa o puede usarse para producir más riqueza. Pág. 10.

carrera (ganar en la): competición organizada en la que se corre por una pista regular, como carreras de caballos o perros, donde la gente apuesta dinero a un ganador potencial con la esperanza de ganar dinero. Pág. 21.

casualidad: circunstancia que sucede por accidente, la cual es afortunada o propicia, como en *"la casualidad del nacimiento"*. Pág. 5.

ciencia: conocimiento, comprensión o entendimiento de los hechos o principios, clasificados y disponibles para el trabajo, la vida o la búsqueda de la verdad. Una *ciencia* es un conjunto relacionado de verdades demostradas o de hechos que se han observado, organizado sistemáticamente y ligado bajo leyes generales. Incluye métodos confiables para el descubrimiento de nuevas verdades dentro de su campo y denota la aplicación de métodos científicos en campos de estudio que previamente se consideraban abiertos sólo a teorías que se basaban en criterios abstractos, subjetivos, históricos o no demostrables. Cuando la palabra *ciencia* se aplica a Scientology, se usa en este sentido, que es el significado más fundamental y la tradición de la palabra, y no en el sentido de las ciencias *físicas* o *materiales*. Pág. 1.

ciencias exactas: ciencias (como las matemáticas o la física) en las cuales los hechos se pueden observar con exactitud y sus resultados se pueden predecir con exactitud. Pág. v.

circuito: en electricidad, una ruta completa por la cual viaja una corriente eléctrica que lleva a cabo acciones específicas. En Scientology, el término se usa para describir algo en la mente que actúa como lo hace un circuito; lleva a cabo varias funciones, en especial de manera independiente a voluntad de la persona. Pág. 92.

coacción: obligación por amenaza o fuerza (o privación). Pág. 33.

Compañía Jim-Jambo: nombre inventado para una compañía. Pág. 6.

común denominador: algo común o característico de un número de personas, cosas, situaciones, etc.; características compartidas. Pág. 26.

concibamos: tengamos una imagen mental de algo especialmente antes de que algo ocurra. Pág. 27.

condena: acción de determinar un castigo o destino. Pág. 5.

condenar: desaprobar con firmeza. Pág. 7.

condición: estado o actividad de dar existencia a las cosas. Pág. 11.

conjura: pequeño grupo de personas que están involucradas en un plan secreto, por ejemplo, en contra de una persona o gobierno, especialmente para obtener poder económico o político. También, las intenciones y los planes secretos de tal grupo. Pág. 8.

conmutador telefónico: la parte central de un sistema telefónico que usan las compañías, donde las llamadas se reciben y se transfieren a la persona o departamento correspondiente. Pág. 21.

considerable: en gran cantidad, extensión o grado. Pág. 52.

consiste: de lo que algo está hecho, compuesto o formado. Pág. 46.

constancia: libre de variaciones impredecibles; estable. Pág. 10.

contagioso: que se esparce o tiende a esparcirse de una persona a otra, comparable a una enfermedad que se transmite por contacto corporal directo o indirecto. Pág. 60.

contraproducente: que tiene el efecto opuesto a lo que se espera. Pág. 96.

convulsión: periodo de presión política o violencia social, tensión y confusión; agitación violenta. Pág. 10.

corriente: curso de sucesos, cambio constante o frecuente de fuerzas. Pág. 20.

corto de miras: incapaz de ver más allá de su entorno, sus condiciones o sus situaciones inmediatas; incapaz de ver lejos. Pág. 70.

críquet: juego muy popular en países como Inglaterra, la India y Australia, en el que se utilizan un bate y una pelota. Se juega con dos equipos contrarios de once jugadores que tratan de anotar carreras pegándole a una pelota de piel con un bate de madera plano, y corren entre dos grupos de pequeños postes de madera. Pág. 68.

crónicamente: en una forma que dura mucho, que es de larga duración o que está en un estado continuo. Pág. 92.

crónico: que dura mucho tiempo o es continuo. Pág. 93.

crudo: brutal, cruel. Pág. 10.

cuadro de imagen mental: cuadro, que almacenado en la mente reactiva, es un registro completo, hasta el último detalle preciso, de cada percepción presente en un momento de dolor e inconsciencia total o parcial. Estos cuadros de imagen mental tienen su propia fuerza y son capaces de ordenarle al cuerpo. Pág. 75.

curso por correspondencia: curso educativo en el cual la organización, escuela o instituto de enseñanza manda las lecciones y exámenes por correo, normalmente a la casa de los estudiantes.

Ellos envían el trabajo terminado de la misma forma para que se les califique. Pág. 8.

darse el lujo: ser capaz de costear algo sin dificultad financiera. Pág. 40.

dato: porción de información, como un hecho; algo que se conoce o se supone. Pág. 22.

decaer: hacerse cada vez menos, reducirse en cantidad. Pág. 53.

dejarse llevar: actuar o moverse sin propósito alguno o con muy poco esfuerzo. Pág. 34.

deliberado: acción realizada después de considerarla de forma cuidadosa y completa; premeditada. Pág. 67.

delincuencia juvenil: comportamiento antisocial o ilegal de gente joven. Pág. 104.

delusión: opinión o creencia falsa que es persistente y se resiste a la razón y a la confrontación con hechos reales. Pág. 5.

demente: con trastornos mentales, loco. Pág. 12.

depresión: cualquier periodo en el que hay falta de actividad empresarial, aumento del desempleo, caída de los precios y los salarios. Pág. 19.

Depresión, Gran: descenso drástico en la economía mundial que comenzó en Estados Unidos, y tuvo como resultado un desempleo masivo y pobreza generalizada; duró de 1929 hasta 1939. Pág. 39.

desplazar: mover o cambiar de lugar. Pág. 10.

despótico: relacionado con gobernar con poder absoluto o ilimitado, en especial cuando se aplica de manera injusta, dura o cruel. Pág. 10.

determinismo: poder de elección o decisión. Pág. 58.

Dickens: Charles Dickens (1812–1870), autor popular inglés, que escribió sobre la sociedad del siglo XIX y cuyas historias a menudo describen personajes excéntricos. *Véase también* **"esperar a que algo surja"**. Pág. 21.

diligencia: dedicación vigorosa y devoción a una tarea o trabajo. Pág. 5.

dinastía: serie o sucesión de gobernantes de la misma familia o línea. Pág. 10.

directiva: forma abreviada para *junta directiva,* grupo oficial de personas que dirigen o supervisan alguna actividad; el grupo de personas cuya responsabilidad es controlar y organizar una compañía o una organización. Pág. 5.

disminución gradual: referencia a la disminución gradual de energía, como cuando una pila está en *contacto* con un dispositivo eléctrico y se desgasta con el uso continúo. Pág. 106.

dispensario: oficina en un hospital, escuela o lugar de trabajo u otra institución en la que se distribuye material médico, preparados y tratamientos médicos. Pág. 91.

doctrina: algo que se enseña o se establece como una verdad en relación con un tema en particular o con un conjunto de conocimientos. Pág. 22.

dramatizar: imitar, expresar o actuar algo, como lo haría un actor en un drama o en una obra teatral al representar su parte del guión. Pág. 40.

embrollo: detalle o elemento complicado. Pág. 53.

emoción desagradable: cualquier emoción que causa disgusto o malestar, como antagonismo, enojo, miedo, pesar, apatía o un sentimiento de muerte. Pág. 85.

encubierto: oculto o escondido, disfrazado. Pág. 46.

enfrentar: abordar o tratar algo, confrontar o encarar algo. Pág. 22.

engranaje: 1. un *engranaje* es una rueda que tiene dientes de madera dura o de metal hechos para insertarse entre los dientes de otra rueda de tal forma que encajen. Cuando un engranaje gira, la otra rueda también gira, transfiriendo de este modo el movimiento que impulsa la maquinaria. Se usa en sentido figurado. Pág. 7. **2.** ver definición 1 anterior. El término *engranaje* puede usarse de forma despectiva para describir a un trabajador individual (parte del engranaje) que lleva a cabo acciones menores y automáticas como parte de una "máquina" más grande e insensible. Esta visión del trabajador como un simple "obrero" y nada más, controlado por fuerzas más grandes, fue popularizada por Karl Marx a finales del siglo XIX. Marx no veía al trabajador como un individuo vivo y creativo, sino sólo como parte de una masa o clase de "obreros" similares realizando tediosamente sus labores. *Véase también* **Marx.** Pág. 123.

era de máquinas: era que comenzó a finales del siglo XVIII, notable por su uso extenso de aparatos mecánicos, para reemplazar la mano de obra y los artículos hechos en casa. Pág. 39.

Era Industrial: el periodo en la historia británica de mediados del siglo XVIII a mediados del siglo XIX, que se caracteriza por cambios económicos y sociales que marcaron la transición de una sociedad agrícola estable a una sociedad industrial moderna, y que dependía de maquinaria complicada y de producción a gran escala en fábricas, en lugar de basarse en la fabricación de artículos con herramientas manuales realizadas en casa. Por extensión, cualquier periodo similar en la historia de un país. Pág. 11.

erradicar: quitar algo no deseado, retirar algo completamente. Pág. 76.

Escala Tonal: escala de tonos emocionales que muestra los niveles de comportamiento humano. La Escala Tonal se describe completamente en el Capítulo Seis. Pág. 89.

esfera: área o campo de actividad, pensamiento, estudio o interés. Pág. 60.

"esperar a que algo surja": referencia a la filosofía de la vida expuesta por el personaje de Mr. Wilkins Micawber, de la bien conocida novela del siglo XIX *David Copperfield,* escrita por el autor inglés Charles Dickens (1812–1870). A Micawber, un amigo de Copperfield, se le ocurren muchas ideas para producir riqueza, y aunque sus esfuerzos fracasan, nunca se da por vencido y siempre tiene la certeza de que algo "surgirá". Pág. 21.

espiral descendente: cuanto más empeora un individuo, más puede empeorar. *Espiral* aquí se refiere a un movimiento descendente progresivo, que produce una situación que se deteriora implacablemente, y se considera que toma la forma de una espiral. El término proviene de la aviación, donde se usa para describir el fenómeno de un avión que desciende y describe una espiral en círculos cada vez menores, como en un accidente o en una acrobacia de un aviador experto, que si no se maneja puede ocasionar la pérdida del control y la caída del avión. Pág. 73.

estable: firme, sólido, fijo. *Estable* se deriva del Latín *stabilis* que significa firme, inmovible. Pág. 22.

estado de beneficencia: estado en el que el bienestar de la gente, en asuntos como el seguro social, la salud, la educación, la vivienda y las condiciones de trabajo son responsabilidad del gobierno. Pág. 33.

estado policial: país en el que el gobierno utiliza la policía, sobre todo la policía secreta, para ejercer un control estricto sobre la vida económica y social de su gente y que limita fuertemente su libertad de reunirse, escribir o hablar de política. Pág. 57.

Europa del Este: la parte de Europa que incluye áreas y países desde la parte oriental de Alemania hasta la parte occidental de Rusia. Pág. 14.

experto: muy diestro; versado. Pág. 52.

factor: circunstancia, hecho o influencia que contribuye a una condición, situación o resultado. Pág. 6.

falacia: idea u opinión falsa o errónea; error. Pág. 12.

fenómeno: hecho o factor observable. Pág. 113.

filosofía: serie de opiniones, ideas o principios; teoría básica; visión o perspectiva, como las que pertenecen a un campo en particular, como a la filosofía política. Pág. 21.

formidable: difícil de tratar, que se requiere gran destreza para vencerlo; que representa un desafío. Pág. 24.

fortuito: que surge, se hace u ocurre sin una razón, método o pauta definidos; incierto o impredecible. Pág. 7.

fortuna: 1. supuesto poder que se cree que trae el bien o el mal a la gente; la suerte, que se cree que afecta las actividades humanas. Pág. 121.
2. gran riqueza financiera o posesión material. Pág. 122.

frenado: desacelerado o parado como si se le aplicara el freno a una llanta. Pág. 6.

frenético: que se caracteriza por intensa actividad, confusión o prisa. Pág. 54.

frente: primera fila de la tropa o parte de una fuerza armada; la posición más adelantada que ha alcanzado un ejército. Pág. 105.

gradiente: aumento o disminución gradual; un poco más, sumado a un poco más, hasta que hay toda una gama, desde una cantidad pequeña hasta una cantidad grande, o algo que desciende desde una gran cantidad, gradualmente, paso a paso, hasta un poco de algo. Pág. 85.

hecho fortuito: cosa, suceso, situación que sucede inesperadamente, sin intención o por casualidad. Pág. 25.

herramienta de su oficio: aquella cosa que alguien necesita para hacer su trabajo. Pág. 46.

Himnos Védicos: los escritos cultos más antiguos de que se tiene registro en la Tierra. Son la literatura sagrada más antigua de los hindúes que consta de más de cien libros que todavía existen. Hablan de la evolución, de cómo el Hombre llega a este universo y de la curva de la vida, la cual es nacimiento, crecimiento, degeneración y muerte. Pág. 48.

Hitler: Adolfo Hitler (1889-1945), líder político alemán del siglo XX que soñó con la creación de una raza dominante que gobernaría durante mil años como el tercer imperio alemán. Al asumir el gobierno de Alemania por medio de la fuerza en 1933 como dictador, comenzó la Segunda Guerra Mundial (1939-1945), sometiendo a gran parte de Europa a su dominio y asesinando a millones de judíos, a otros que se consideraban "inferiores" e incluso a su propio pueblo. Se suicidó en 1945 cuando la derrota de Alemania era inminente. Pág. 115.

hombre: 1. ser humano, sin relación al sexo o a la edad; persona. Pág. 6.
2. esposo, amante o novio, tal como en *"cuyo único interés era un hombre o 'los billetes'".* Pág. 7.

Hombre: la raza o especie humana; el género humano, la Humanidad. Pág. 1.

Homero en las Islas de los Lotos: referencia a una historia del poema épico *La Odisea,* escrito por el antiguo poeta griego Homero (hacia el siglo IX a.C.). Durante un viaje de diez años de regreso a casa de la guerra, el héroe Odiseo y sus hombres son empujados hacia la costa por una tormenta y llegan a la Isla de los Comedores de Lotos (nativos que se alimentaban de la fruta de la legendaria planta de Loto; en la mitología griega se dice que producía un fruto capaz de inducir en quienes lo comían un olvido dichoso y una satisfacción de ensueño). Después de comer el fruto de la planta, la tripulación ociosa y perezosa pierde todo su deseo de regresar a su tierra natal y tienen que ser arrastrados de nuevo a su barco y amarrados a sus asientos para que remen. Pág. 36.

identificar: asociar o conectar mentalmente una cosa con otra con el fin de considerarlas o tomarlas como lo mismo y como una unidad, cuando de hecho no son idénticas. Se descubrió que este tipo de pensamiento irracional era la manera en que la mente reactiva opera; todo se identifica con todo; es decir, todo es igual a todo, igual a todo. Véase el libro *Dianética: La Ciencia Moderna de la Salud Mental.* Pág. 77.

ideología: las doctrinas, opiniones o formas de pensar de un individuo, clase, etc.; de manera específica, el conjunto de ideas en las que se basa un sistema político, económico o social en particular. Pág. 20.

ilusión: percepción que representa lo que se percibe de forma distinta a la forma en que es en realidad. Pág. 5.

indispensable: esencial, que no se puede eliminar ni descartar. Pág. 123.

individualidad: la suma de las características o cualidades que diferencian a una persona de otra; carácter individual. Pág. 68.

industria: actividad económica que se ocupa del procesamiento de materia prima o la manufactura de artículos en fábricas. Pág. 92.

industrial: alguien que posee o está relacionado con la dirección de una industria, especialmente a gran escala. Pág. 20.

inexplicable: que no se puede explicar, entender o poner en claro. Pág. 19.

infame: muy conocido por tener una mala cualidad o haber hecho una mala acción. Pág. 104.

insensatez: rechazo o incapacidad para aceptar la realidad existente o prever consecuencias; falta de sensatez o conducta racional; estupidez. Pág. 33.

inspiración: estímulo o influencia externa sobre la mente (y las emociones) que impulsa a pensar de cierta forma, a actuar, etc. Se usa de forma humorística. Pág. 27.

interés personal: interés especial en algo por razones personales específicas. Pág. 114.

Islas de los Lotos: tierra de fábula que se describe en el poema *La Odisea* escrito por Homero, poeta griego del siglo IX a. C. *Véase también* **Homero en las Islas de los Lotos.** Pág. 36.

jocoso: gracioso, humorístico. Pág. 95.

juguetear: jugar para entretenerse o sin ningún propósito, sin poner interés en ello. Pág. 25.

laboral: relacionado con la actividad productiva, especialmente con el propósito de lograr ganancias económicas. Pág. 34.

lavarse las manos: rehusarse a tener cualquier contacto posterior con algo, renunciar a cualquier responsabilidad futura. Pág. 86.

legislación: ley o grupo de leyes propuestas o aprobadas. Pág. 104.

lema: palabra, frase o idea que expresa los principios o reglas de acción que guían a una persona, grupo o periodo. Pág. 71.

ley laboral sobre menores: referencia a leyes aprobadas a principios de la década de 1830, que restringían la contratación de niños y adolescentes hasta que hubieran alcanzado una edad específica. Pág. 34.

línea de comunicación: la ruta por la cual viaja la comunicación (partícula, mensaje, etc.) de una persona a otra. Pág. 46.

livingness: la calidad o el estado de vivir. El sufijo *-ness* se usa en inglés para formar sustantivos que expresan un estado, calidad o condición. Pág. 12.

logía: rama del estudio. El sufijo *-logía* se pone al final de las palabras y significa "estudio de" o "conocimiento", habitualmente en referencia a cualquier ciencia o rama del conocimiento, por ejemplo, biología (estudio de los organismos vivos) o geología (estudio de la historia física de la Tierra). En el texto se refiere a la psico*logía* freudiana y a la teoría de que la causa y motivación de las dificultades del Hombre son en gran medida deseos sexuales reprimidos o escondidos, pasiones infantiles o atracciones hacia los padres del sexo opuesto, hostilidad hacia los padres del mismo sexo, etc. Pág. 11.

magnitud: grandeza, extensión, influencia, importancia, calidad, etc. Pág. 59.

manifestar: mostrar claramente; hacer evidente u obvio. Pág. 56.

margen: cantidad que es superior a la que es estrictamente necesaria; se incluye, por ejemplo, por razones de seguridad o para tener en cuenta la posibilidad de errores, retrasos o cualquier otro tipo de circunstancias imprevistas. Pág. 20.

Marx: Karl Marx (1818-1883), filósofo político alemán cuyas obras formaron la base del comunismo del siglo XX; consideraba a la sociedad como un conflicto entre los capitalistas (los propietarios de fábricas) y los trabajadores. Marx y sus compañeros comunistas acusaron a los capitalistas de las condiciones miserables de trabajo, como pagarles poco a los trabajadores, las largas horas de trabajo bajo condiciones insalubres, condiciones peligrosas y el abuso laboral infantil. Pág. 104.

materia prima: productos naturales sin procesar que se usan en la manufactura o la producción. Pág. 45.

máxima: declaración de una regla o verdad general. Pág. 63.

mente analítica: la *mente analítica* es la mente consciente y alerta que piensa, observa datos, los recuerda y resuelve problemas. Esencialmente sería la mente consciente en comparación con la mente inconsciente. En Dianética y Scientology, la mente analítica es la que está alerta y consciente, y la mente reactiva simplemente reacciona sin análisis. Pág. 74.

mente reactiva: la *mente reactiva* es un mecanismo de estímulo-respuesta. De construcción resistente y capaz de funcionar en circunstancias arduas, la mente reactiva *nunca* deja de funcionar. Esta mente hace cuadros muy rudimentarios del entorno, incluso en ciertos estados de inconsciencia. La mente reactiva actúa *por debajo* del nivel de consciencia. Pág. 74.

MIT: del inglés *Massachusetts Institute of Technology* (Instituto Tecnológico de Massachusetts) institución tecnológica y científica de estudios superiores e investigación que se encuentra en Cambridge, Massachusetts, Estados Unidos. Pág. 94.

nacionalista: relacionado o perteneciente al *nacionalismo,* o a los partidarios del *nacionalismo,* la política o doctrina de afirmar los intereses de su propia nación, vistos como algo separado de los intereses de otras naciones o de los intereses que son comunes a todas las naciones. El *nacionalismo* por lo general se relaciona con la creencia de que un país es superior a todos los demás. Pág. 57.

Napoleón: Napoleón Bonaparte (1769-1821), líder militar francés. Ascendió al poder en Francia mediante la fuerza militar, se declaró emperador y dirigió campañas de conquista por toda Europa, hasta su derrota final por parte de los ejércitos aliados en su contra, en 1815. Medio millón de hombres murieron en las guerras napoleónicas de 1799 a 1815. Pág. 57.

notoriamente: que es muy conocido y por lo general en forma desfavorable, en este contexto. Pág. 35.

obstaculizando: bloqueando u obstruyendo, como si se quisiera parar. Pág. 86.

occidental: que se relaciona o pertenece a los países y la gente de Europa y las Américas. Pág. 14.

ogro: persona que parece feroz y cruel. La palabra viene de los cuentos de hadas donde un monstruo gigante (ogro) se come a los humanos. Pág. 116.

panacea: solución o remedio para cualquier tipo de problema o asunto. Pág. 112.

partícula: trozo (pequeño) de algo, parte, porción o división de un todo. Pág. 22.

pensión: cantidad de dinero que se paga regularmente como un beneficio de retiro por servicios prestados en el pasado a un patrón. Pág. 19.

perpetrado: cometido, realizado o ejecutado. Pág. 10.

pits: área junto a la pista de carreras para dar servicio a los coches durante una carrera. Pág. 74.

plan: meta o arreglo sistemático a gran escala para alcanzar un objetivo específico o poner cierta idea en vigor. Pág. 56.

plan de las cosas: sistema general en el cual cada cosa tiene un lugar y en relación con eso, se determinan finalmente los detalles individuales. Pág. 39.

plano: nivel de existencia o pensamiento. Pág. 109.

planta: edificio o grupo de edificios para la manufactura de un producto; fábrica. También el equipo, incluyendo la maquinaria, herramientas, instrumentos y accesorios, y los edificios que los contienen y que son necesarios para un industrial o para la actividad de manufactura. Pág. 20.

políticamente: que está relacionado o que trata de las responsabilidades y deberes del gobierno, conjunto de personas o individuos que gobiernan los asuntos internos y externos del estado, país, etc. Pág. 34.

porcentaje: proporción, porción o ganancia compartida en relación con un todo. Pág. 34.

preponderancia: posición superior o elevada de influencia o control. Pág. 5.

prescindible: que se puede reemplazar o que no es necesario. Pág. 123.

presidente, un gran: referencia a Franklin Delano Roosevelt (1882-1945), el trigésimo segundo presidente de los Estados Unidos. Pág. 39.

principio: verdad fundamental, ley o fuerza que motiva y en las cuales se basan otras. Pág. 14.

privación: situación de carecer de las necesidades o de las comodidades básicas de la vida. También, la condición que resulta de esa carencia. Pág. 68.

procesar: preparar materia prima para la venta, manufactura u otro uso, tratándola mediante una serie de operaciones que la cambian. Pág. 54.

proceso: serie de pasos, acciones o cambios sistemáticos y técnicamente exactos, para producir un resultado específico y determinado. En Scientology, una serie de técnicas o ejercicios precisos que aplica un profesional para ayudar a una persona a descubrir más acerca de sí misma y de su vida, y mejorar su condición. Pág. 54.

profesional: persona que se dedica a la práctica de una profesión, ocupación, etc. Pág. 75.

propiciador: persona que se encuentra en un tono que está abajo de enojo y cerca de apatía. *Propiciación* significa tratar de complacer o satisfacer a alguien con el propósito de ganar su aprecio, defenderse o protegerse de su desaprobación, ataque, etc. Pág. 88.

propósito: resultados que se desean o pretenden; fines, metas. Pág. 12.

propósito contrario: que está en conflicto o se opone a los propósitos, objetivos o metas de alguien. Pág. 41.

puesto: posición, trabajo o deber al cual se asigna o nombra a una persona. Pág. 6.

punitivo: que impone, se relaciona o se dirige al castigo. Pág. 60.

ratas, estudio de las: referencia a la práctica de psicólogos y psiquiatras que estudian el comportamiento de las ratas en jaulas, esperando aplicar sus observaciones a los seres humanos. Pág. 14.

reavivar: encender, inspirar (una pasión o un sentimiento), despertar. Pág. 72.

recurso: los medios necesarios, especialmente los económicos, que se requieren para un propósito. Pág. 10.

reestimular: reactivar, estimular de nuevo. *Re-* significa otra vez y *estimular* significa poner en actividad o en acción . Pág. 74.

refrenar: abstener, dejar de hacer algo. Pág. 74.

rehabilitar: restaurar algo hasta ponerlo en buenas condiciones o en buen funcionamiento. Pág. 78.

remunerado: que se le paga dinero, algo lucrativo. Pág. 36.

retaguardia: la parte de la fuerza militar más alejada del frente de combate. Pág. 106.

revolución roja: revolución sangrienta, violenta y radical, como la revolución comunista de 1917 que se llevó a cabo en Rusia donde el gobierno existente fue tomado por la fuerza y reemplazado por un gobierno comunista dirigido por Vladimir Lenin (1870-1924). La palabra *roja*, no sólo sugiere violencia sino que se refiere a una política radical o revolucionaria, especialmente comunista, ya que por lo general sus regímenes van acompañados de derramamiento de sangre. Pág. 10.

rutina: 1. referencia al trabajo cotidiano (repetitivo) que se considera aburrido, difícil y cansado. Pág. 10.
2. algo que es común, lento y tedioso, como el trabajo. Pág. 35.
3. pautas o estilos de vida que han dejado de ser interesantes y cansan, pero es difícil cambiarlos. Pág. 20.

sabio: persona con conocimientos y experiencia. Pág. 6.

salvo: fuera de, excepto. Pág. 74.

secretaria ejecutiva: secretaria con responsabilidades administrativas independientes que ayuda a un ejecutivo en un negocio. Tales responsabilidades incluyen el mantener los archivos oficiales de la compañía, planear reuniones, etc. Pág. 6.

según su criterio: según la opinión, información o estándares que tiene una persona. Pág. 58.

Servicio Militar Obligatorio: sistema bajo el cual, a todos los ciudadanos calificados de un país se les pide que sirvan como militares en alguna de las fuerzas armadas durante un periodo específico. Pág. 104.

sindicato: organización de asalariados que se forma para servir y promover los intereses de su grupo en lo relativo a salarios, beneficios, horarios y condiciones de trabajo. Pág. 33.

síntoma: condición que acompaña algo e indica su existencia; señales. Pág. 5.

sistema gubernamental: forma de gobierno; sistema político. Pág. 19.

soportar: aceptar algo o tenerlo como obligación, con el sentido de tener que aguantar algo difícil o doloroso. Pág. 57.

subordinado: persona que está bajo la autoridad o control de otra dentro de una organización. Pág. 54.

suspicaz: característico de una persona que guarda una opinión pobre de la humanidad; desconfiado de la sinceridad o integridad humana. Pág. 5.

taquígrafa: especialista en la habilidad o trabajo de tomar dictado en taquigrafía, y luego transcribirlo en una máquina de escribir. (La *taquigrafía* es un método para escribir rápido, en el que se usan símbolos que representan letras, palabras o grupos de palabras). Pág. 6.

tedioso: que produce tedio (aburrimiento extremado o estado de ánimo producidos cuando se soporta algo que no interesa) o que aburre. Pág. 62.

terminal: cualquier cosa que recibe, retransmite o manda una comunicación. Este término viene del campo de la electrónica en donde un terminal es uno de dos puntos fijos entre los cuales viaja un flujo de energía. Un ejemplo de esto es la batería de un automóvil, la cual tiene dos polos de conexión (terminales) en donde la energía fluye de un polo al otro. En Scientology, dos personas comunicándose son terminales porque entre ellas fluye comunicación. Pág. 85.

tiempo presente: ahora, el tiempo o momento actual. Pág. 78.

tiranía: gobierno en el que un solo gobernante tiene poder absoluto y lo usa con crueldad o injusticia. Pág. 10.

titánico: de un tamaño, poder o fuerza enorme, gigantesco. Viene del mito griego de dioses gigantes que intentaron gobernar el cielo y fueron derrocados. Pág. 67.

título: grado académico que una escuela o universidad otorga a un estudiante que ha terminado un curso de estudios. Pág. 6.

tono: estado o disposición mental en particular; ánimo, carácter o humor. Pág. 68.

tormenta: disturbio en el aire sobre la Tierra, que incluye vientos fuertes y normalmente lluvia, nieve, aguanieve o granizo (a veces con rayos y truenos). Por extensión, cualquier disturbio o revuelta (violentos) en asuntos políticos, sociales o domésticos. Pág. 20.

torpeza: referencia a un trabajo mal hecho; trabajo inexperto; un desastre. Pág. 22.

torrente: flujo incontrolado, comparable a una corriente rápida o violenta. Pág. 25.

trabajo cotidiano: perteneciente o característico de un día de trabajo o sus ocupaciones; que se caracteriza por una sucesión regular o por una serie de trabajos o tareas; de la vida cotidiana ordinaria. Pág. 1.

unknownness: el estado o condición de no saber, o estar inseguro. El sufijo *-ness* se usa en inglés para formar sustantivos que expresan un estado, calidad o condición. Pág. 12.

valía: el valor de las posesiones materiales de una persona, riquezas. Pág. 12.

veintena: veinte personas o cosas, un grupo de veinte. Pág. 6.

Vida: toda la existencia que trasciende el vivir cotidiano, el principio o el estado de existencia espiritual consciente, la influencia o la fuerza que anima, la causa del vivir que es la fuente de la energía vital, la felicidad, etc.; forma espiritual de existencia eterna que trasciende la muerte física. Pág. 1.

vinculado (estar): usado en sentido figurado, estar relacionado de forma cercana o asociado; conectado de manera inseparable. Pág. 34.

viuda heredera: mujer que tiene algún título, propiedad o dinero de su difunto esposo. Pág. 33.

vuelta: recorrido completo alrededor de una pista ya sea en automóvil o a caballo. Pág. 74.

Índice Temático

A

aberración

    juegos, 71

    totalidad, 70

aburrimiento, 91

    crónicamente, 92

    ilustración, 90

    tono mejora a
      entusiasmo, 91

accidentes

    comprender sus principios
      básicos, 14

    del destino, 19

    entorno que coincide con
      una lesión, 110

    mal control y accidentes, 50

    persona que tiene, 109

    personas debajo de
      apatía, 92

acuerdo

    realidad, 95, 109

acuse de recibo, 98

adolescentes, 104

afecto

    definición, 85

afinidad

    definición, 85, 94

    incrementar, 112

    mantener altos niveles, 96

    pérdida de herramientas, 97

    tonos, 89

    verdad y buena afinidad, 85

    véase también **A-R-C**

agotamiento, 103, 105, 106,
  111, 117

    a causa del contacto con la
      gente, 114

    Dar un Paseo, 111

    huelgas, 115

    manejo por parte del
      gobierno o la
      compañía, 116

    manera equivocada de
      manejarlo, 110

    neurosis, 106

a la confusión de la existencia, 39

ciclo-de-acción, 53

confusión y desestabilizarlo, 27, 28

conservar un trabajo, 27, 29

doctrina, 22, 27

invalidar, 28, 40

lado opuesto de la doctrina, 27

ser un, 61

su uso en la enseñanza, 25

trabajo en la vida, 41

trabajo y sociedad, 122

debajo de apatía

accidentes y personas debajo de apatía, 92

asesino potencial, 92

descripción, 89

enfermedad, 92

riesgo para la organización, 91

definición, 107

afinidad, 85, 94

A-R-C, 83

buen control, 25

buen trabajador, 46

certeza, 25

ciclo-de-acción, 48, 53

comunicación, 85, 94

confusión, 21

control, 53

creación, 48

destrucción, 48

eficiencia, 72

espiral descendente de control, 73

extroversión, 107

hábito, 53

humano, 70

ineficiencia, 72

inseguridad, 12

inteligencia, 25

introversión, 107

juego, 35

mal control, 25

mal trabajador, 46

mente reactiva, 74

personalidad extrovertida, 107

personalidad introvertida, 107

realidad, 85, 109

segundo aire, 113

seguridad, 25

suerte, 21, 25

supervivencia, 48

confusión, 20, 29

de control, 45

demencia nacional, 11

juego y necesidad de
problemas, 68

persona que carece de
problemas, 70

proceso, 111, 112, 113

alcanzar y retirar, 97, 98

para recuperar entusiasmo
para trabajar, 97, 98

propiciación

joven frente a sus padres, 88

propósito, 35, 41, 46

control sobre la vida, 39

dato estable del trabajo, 39

demencia, 12

en la vida, 37

juegos, 68

locura, 37

propósitos contrarios, 68

remedio para la
demencia, 36

propósitos contrarios, 68

prosperidad, 35

psicóticas

entornos o personas, 60

R

realidad

acuerdo, 95

cómo establecerla, 96

definición, 85, 109

en planos mentales y
físicos, 109

gradiente, 85

masas, 112

nivel de realidad para cada
nivel de la Escala Tonal, 93

tolerancia de solidez, 93

véase también **A-R-C**

reestimulación

de lesión, 106

descripción, 74

enfermedad, 110

responsabilidad

muerte y más allá, 123

revolución

incapacidad para
trabajar, 36

presión de la inseguridad, 10

rutina diaria

apatía, 20

S

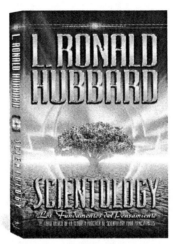

DESTINO:
LIBERTAD TOTAL

La *Tabla de Niveles y Diplomas de Clasificación, Grados y Consciencia* es tu Puente hacia la Libertad Total. Te indica qué pasos debes dar, uno tras otro, para alcanzar ese destino. Alcanza tu eternidad. Llena la tarjeta con los datos siguientes y envíala para recibir un ejemplar *gratuito* de la tabla.

NOMBRE _____ LIBRO CON EL QUE VINO ESTA TARJETA

DIRECCIÓN _____

CIUDAD _____

ESTADO/PROVINCIA _____ CÓDIGO POSTAL _____

TELEFONO _____

E-MAIL _____

www.scientology.org

BUSINESS REPLY MAIL

FIRST-CLASS MAIL   PERMIT NO. 62688   LOS ANGELES CA

POSTAGE WILL BE PAID BY ADDRESSEE

BRIDGE PUBLICATIONS, INC.
4751 FOUNTAIN AVE
LOS ANGELES CA 90029-9949